쇠라, 〈그랑드 자트 섬의 일요일 오후〉
시냑크, 〈초록색 돛, 베니스〉
정선, 〈금강전도〉
김명국, 〈달마도〉
몬드리안, 〈빨강, 파랑, 노랑의 구성〉
클레, 〈세네치오〉
칸딘스키, 〈구성 8〉
칸딘스키, 〈여러 개의 원〉
레제, 〈파이프를 들고 있는 남자〉
레제, 〈점심 식사〉
작가 미상, 〈숫자 맞추기 놀이 카드〉
채용신, 〈십장생도〉
뒤러, 〈멜랑콜리아1〉
김홍도, 〈씨름〉
달리, 〈기억의 지속〉
세잔, 〈검은 대리석 시계〉
라파엘로, 〈아테네 학당
프리다, 〈두 명의 프리다〉
김홍도, 〈고누놀이〉
김득신, 〈소나무 아래서 장기 두는 스님들〉
고흐, 〈노란 집〉
다 빈치, 〈최후의 만찬〉
다 빈치, 〈비트루비안 맨〉
보티첼리, 〈비너스의 탄생〉

라 투르, 〈클로버 에이스를 지닌 사기꾼〉
세잔, 〈카드놀이 하는 사람들〉
드가, 〈무대 위의 발레리나들〉
로댕, 〈청동 시대〉
루소, 〈꿈〉
마케, 〈큰 동물원, 세폭화〉
아르침볼도, 〈봄〉,〈여름〉,〈가을〉,〈겨울〉
고흐, 〈해바라기〉
브뤼헐, 〈월력도 연작;사냥꾼의 귀가(1월)〉
브뤼헐, 〈월력도 연작;곡물 수확(8월)〉
모네, 〈생 타드레스의 테라스〉
모네, 〈네덜란드의 튤립 꽃밭〉
램브란트, 〈화실에서〉
모네, 〈루앙 대성당 연작〉
에이크, 〈아르놀피니의 결혼〉
마네, 〈폴리 베르제르 바〉
볼레르, 〈베수비오의 분화〉
호쿠사이, 〈불타는 후지산〉
미켈란젤로, 〈천지창조(태양과 달의 창조)〉
조르조네, 〈지구, 달, 태양〉
피사로, 〈서리 내린 밭에 불을 지피는 젊은 농부〉
신윤복, 〈야행〉
샤반, 〈기구〉
구아르디, 〈떠오르는 기구〉

명화 안에 수학 과학 있다!

[지에밥]
giebap

명화의 감동을 그대로 느끼면서 수학 과학 개념을 익혀요!

어린이 여러분은 그림을 좋아하나요?
그림을 잘 그리지는 못하더라도 잘 그린 그림을 보고 '우아, 대단하다! 나도 잘 그리고 싶다!'라고 부러움 섞인 탄성을 질러 본 적은 있을 거예요.
잘 그린 그림은 이것을 본 사람들에게 신기함과 감동을 선사합니다.
이렇듯 오랜 시간 동안 수많은 사람들의 인정과 사랑을 받아 전해진 그림이 있어요.
바로 우리가 '명화'라고 부르는 작품들이지요.
명화들은 시간과 공간을 넘어서 사람들의 마음을 움직인다는 특징이 있어요. 명화에 오롯이 밴 아름다움이 사람들의 마음을 작품 속으로 끌어들인 것이지요.
그리고 명화 속에 있는 그 무언가가 보는 이에게 색다른 느낌을 갖게 했을 것입니다.
경험이 적은 초등학생에게는 알맞지 않은 말이라고요?
아니에요, 아니에요.
명화를 보고 어른만 감동하는 것이 아니니까요.
어린이들도 날마다 공부하고 책 읽고 노는 경험 속에도 느끼고 배우는 것이 참 많으니까요.

그래서 한 번 생각해 보았어요.
'교과서에서 배우는 수학과 과학의 개념을 잘 알려진 명화를 통해 익히면 어떨까?'
아마도 어렵고 지루하다고 느낄 수 있는 수학과 과학의 개념이 머릿속에 더 또렷하고 인상 깊게 남을 거예요.
그리고 그 개념을 가정이나 학교에서 더 잘 적용할 수 있을 거예요.
'아는 만큼 보인다.'라는 말이 있어요.
그동안 명화를 있는 그대로 감상하였다면 이번에는 우리 생활에 꼭 필요한 수학과 과학의 개념으로 한번 더 감상해 보세요.
이렇게 보면 명화는 감동과 더불어 지식과 교양, 정보를 가져다 주는 보물인 셈이네요. 더욱이 국어, 사회, 수학, 과학, 미술과 같은 모든 교과를 아우를 수 있는 좋은 자료이지요.
이 책은 세계적으로 잘 알려진 명화를 주제에 맞게 가려 뽑고, 이것을 초등 수학· 과학 교과서에 연결시켰어요.
서양과 우리 미술사에 뚜렷한 발자취를 남긴 명화들을 인상 깊게 감상하면서 어렵고 지루하게 느끼기 쉬운 수학· 과학 개념을 또렷하게 정리해 보세요.
그럼, '수학은 어려워! 과학은 지루해!'라고 생각했던 마음이 순식간에 날아갈 거예요.
이 책을 읽으면서 명화와 교과, 이 두 마리 토끼를 동시에 잡기 바랄게요.

좋은 책을 만드는 사람들 지에밥 창작연구소

| 차례 |

명화 안에 수학 있다!

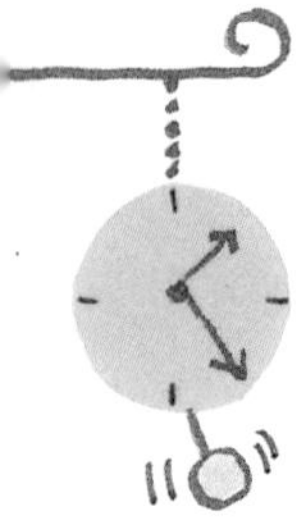

명화 안에 과학 있다!

명화
안으로
01

점이 모여 그림이 된다고?

- 점 -

쇠라, 〈**그랑드 자트 섬의 일요일 오후**〉, 1884~1886년, 유화

쇠라의 〈그랑드 자트 섬의 일요일 오후〉와 점

탐구 소년 스팀은 갑자기 떠오른 발명 아이디어를 빨리 종이에 옮겨 두려고 했어요.

그런데 누나가 한 장밖에 남지 않은 종이를 자기가 써야 한다면서 가져간 거예요.

'아까 누나가 작고 둥근 점만 찍고 있던데, 뭘 하는 걸까?'

할 수 없이 종이를 사러 나선 스팀은 종이에 점만 하염없이 찍고 있는 누나의 모습이 계속 수상했어요.

'콰당!'

그러다가 스팀은 앞을 보지 못하고 그만 키가 큰 아저씨와 부딪치고 말았어요.

"꼬마야, 괜찮니?"

"저 꼬마 아니에요, 스팀이라구요!"

스팀은 평소와 달리 말이 예쁘게 나오지 않았어요.

"어이쿠, 이 아저씨가 몰라봤구나. 자, 그럼 제대로 인사해 볼까? 안녕, 스팀! 아저씨는 잭슨 탐정이란다."

아저씨가 건넨 명함에는 '미술 탐정 잭슨'이라고 써 있었어요.

"미술 탐정이요?"

"그래, 쉽게 말해 미술과 관련된 모든 궁금증을 해결해 주는

스팀의 누나는 종이에 작고
동그란 점만 하염없이 찍었어요.(점의 정의)

탐정이라고나 할까? 그런데 무슨 일로 급하게 가고 있었니?"

"종이 사러 가요. 누나가 그래프를 그리는 수학 공부도 아니고 그까짓 점만 찍으면서 스케치북 마지막 남은 한 장을 홀랑 써 버렸거든요."

스팀은 조금 전에 있었던 일을 잭슨 탐정에게 이야기했어요.

"음, 그런 일이라면 이 미술 탐정이 해결해 줄 수 있지."

자신을 미술과 수학, 과학에 상당한 지식을 가진 사람이라고 밝힌 잭슨 탐정은 가방에서 두꺼운 책을 하나 꺼냈지요.

"그래, 여기 있군. 자, 스팀! 이 그림 한번 볼래?"

잭슨 탐정이 펼친 쪽에는 초록색 풀밭을 배경으로 사람들이 여유를 즐기는 아름다운 그림이 있었어요.

"우아, 멋진데요?"

"그렇지? 그런데 이 그림은 '점'이 없으면 있을 수 없었단다."

"네? 말도 안 돼요. 이 멋진 그림이 고작 점이 없다고……."

"진짜야! 자, 이 돋보기를 가지고 그림을 보렴."

스팀은 잭슨 탐정이 건넨 돋보기로 그림을 들여다보았어요.

그랬더니 다양한 색을 가진 수많은 점들이 촘촘하게 섞여 있는 것이 보였지요.

"우아, 정말 점이 엄청 많아요."

누나는 그래프를 그리는 수학 공부를 하는 것도 아니면서
종이에 점만 찍었어요.(수학에서 점의 개념)

잭슨 탐정은 놀라서 입을 다물지 못하고 있는 스팀에게 이 그림에 대한 이야기를 들려주었어요.

"이 그림은 프랑스의 화가 쇠라의 작품이야. 쇠라는 이렇게 작은 색점을 수없이 찍어서 형태를 완성하는 기법을 사용했지. 이걸 '점묘법'이라고 한단다."

"그런데 이렇게 많은 점을 찍으면 귀찮지 않았을까요?"

"귀찮았겠지. 하지만 쇠라는 빛에 따라 달라지는 색채에 관심이 많았대. 또, 서로 다른 색을 띤 점들이 섞이면 완전히 새로운 색을 만들어 내는 것도 좋아했고."

이야기를 듣는 스팀의 눈이 반짝거렸어요. 그 순간 햇빛이 시시각각 다르게 느껴졌어요.

그리고 작은 점이라고 무시해서는 안 되겠다고 생각했어요.

쇠라(프랑스, 1859~1891년)

프랑스 파리에서 태어난 조르주 피에르 쇠라는 세상에 있는 여러 색깔을 물감을 섞어서 만드는 대신 다른 방법으로 보여 줄 수는 없을지 고민하였어요. 그래서 점을 찍어서 형태를 완성하는 점묘법을 연구했고, 점으로 이루어진 그림을 그렸답니다.

점을 찍어서 그림을 그리는 것은 끈기가 있어야 했기 때문에 쇠라는 보통 그림 한 장을 완성하는 데에 1년이 넘게 걸렸습니다. 이런 노력으로 쇠라는 20세기 미술을 이끈 주요 화가로 평가받고 있지요.

수학 있다! 01

점에 대하여

점이란?

'점'은 위치만을 지니고 있는 것으로, 모양이나 형태를 이루는 기본 단위입니다. 하지만 이렇게 작고 힘이 없어 보이는 점이라고 해도, 점의 개수나 찍힌 위치, 점의 밝기, 점의 크기 등으로 형태나 움직임 등을 나타낼 수 있습니다. 그렇기 때문에 점은 미술 작품을 시작하게 하는 기본 단위이기도 하지요.

수학에서 점이란?

수학에서 점은 도형의 꼭지와 선끼리 만나는 지점에 위치해요. 꼭짓점은 각을 이루는 변과 변, 또는 모서리와 모서리가 만나는 점을 말해요. 따라서 원이나 구와 같은 도형에는 각이 없어서 꼭짓점도 없지요. 각이 없이 선과 선이 만나는 것을 교점이라고 해요. 중점은 시작과 끝이 있는 선을 이등분하는 점을 말해요. 좌표는 수직선이나 좌표 평면 위에 대응하는 점의 위치를 나타내는 수나 가로축과 세로축의 순서쌍을 말하지요.

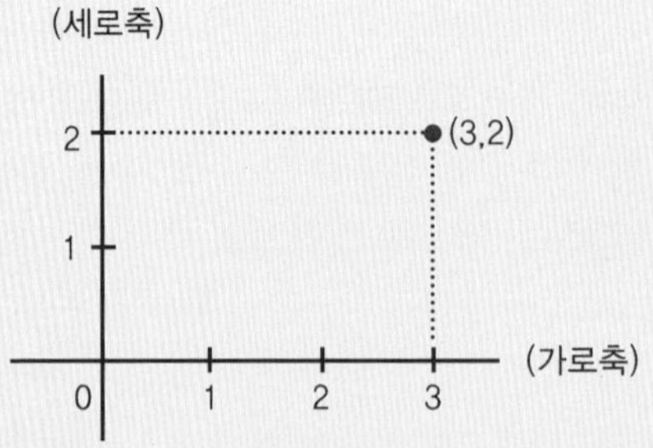

〈좌표 평면〉

【 또 있다! **명화 속 수학** 】

시냐크, 〈초록색 돛, 베니스〉

시냐크, 〈초록색 돛, 베니스〉, 1904년, 유화

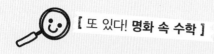

팔레트에 섞지 않은 물감의 색점을 찍어 빛의 변화를 표현하고자 했던 점묘법은 쇠라에 의해 개발되었습니다. 하지만 쇠라는 32세의 젊은 나이로 사망하게 되지요.

그후 이러한 기법을 후대에 널리 알린 사람이 바로 〈초록색 돛, 베니스〉를 그린 폴 시냐크(1863~1935년)입니다. 시냐크가 1904년에 그린 이 작품 역시 점으로 색을 표현하고 형태를 표현하고 빛을 표현하려고 했던 작가의 의지가 담겨져 있습니다.

【 찾아보자! **생활 속 수학** 】

● 다음은 어떤 도형에 대한 설명인지 알맞은 것에 ○표 하세요.

일정한 점에서 같은 거리에 있는 점들의 집합

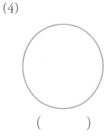

(1) (2) (3) (4)

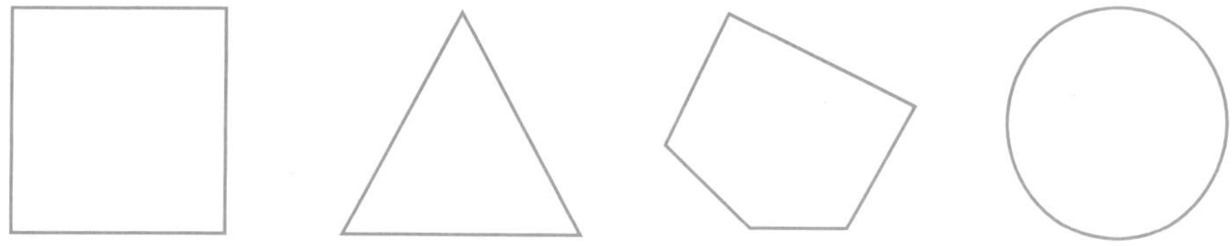

( ) ( ) ( ) ( )

답 : (4)

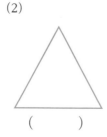

명화
안으로
02

선이 모여 산이 된다고?

- 선 -

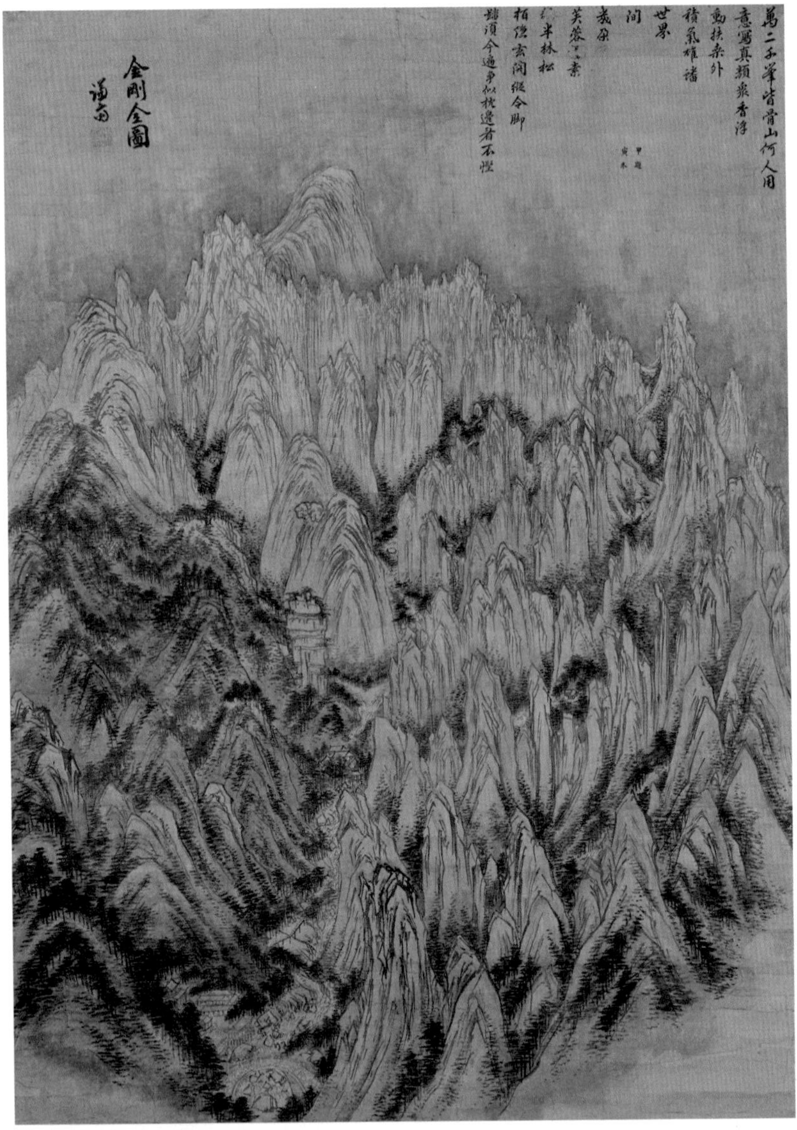

정선, 〈**금강전도**〉, 1734년, 수묵화

정선의 〈금강전도〉와 선

'어, 어떻게 하지?'

스팀과 친구들은 학교 앞 담벼락에서 안절부절 어쩔 줄 몰라 서성였어요.

한 시간 전에 벌어진 일 때문이었지요.

친구들과 놀다가 작은 분필 조각 하나를 발견한 스팀은 장난기가 발동했어요.

그래서 학교 담벼락에 힘차게 쭉 선을 그었죠.

그걸 본 다른 친구들이 자기도 해 보겠다며 너도 나도 힘차게 선을 그었답니다.

한 개, 두 개, 세 개, 네 개…….

선을 한 스무 개쯤 긋고 나자 '아차' 싶었어요,

하지만 이미 되돌리기에는 너무 늦어 버렸지요.

마침 지나가던 교장 선생님이 보시고는 노발대발하셨어요.

"이 녀석들아! 학교 담벼락에 이게 뭐냐? 이 선들을 깨끗이 지우든지 그것도 아니면 아주 멋진 그림으로 바꾸어 놓도록 해라!"

화를 내시는 교장 선생님의 모습에 스팀과 친구들은 정신이 번쩍 들었어요.

지우개로 열심히 선을 지워 봤지만 소용이 없었어요.

스팀과 친구들은 너도 나도 힘차게
'쭉쭉' 선을 그었답니다.(선의 정의)

그때 스팀은 잭슨 탐정이 떠올랐지요.

"그러니까 이게 너희가 해 놓은 낙서라는 거지?"

잭슨 탐정은 급하게 전화를 한 스팀의 간곡한 부탁에 어쩔 수 없이 학교까지 오게 되었어요.

아이들이 담벼락에 세로로 죽죽 그어 놓은 크고 작은 다양한 선을 보고는 입이 절로 쩍 벌어졌어요.

그러고는 잠시 생각을 하는가 싶더니 좋은 생각이 떠오른 듯 가방 안을 뒤지기 시작했지요.

둘둘 말린 그림을 꺼낸 잭슨 탐정은 아이들을 불러 모았어요.

"자, 너희가 사고를 쳤으니까 너희 손으로 해결을 해 보자."

"네? 저희가 어떻게요? 선이 지워지지도 않고, 또 이 선들을 그림이라고 할 수도 없잖아요."

"물론 지금은 그렇지. 하지만 선도 그림이 될 수 있단다. 이 그림을 한 번 보렴. 정선이 그린 금강산의 모습이야. 이 그림 역시 선으로 되어 있지. 그러니 너희도 그림으로 만들 수 있어."

잭슨 탐정이 펼친 그림에는 수없이 많은 선들 산봉우리가 되어 하늘 높은 줄 모르고 치솟아 있었어요.

굵은 선과 가는 선이 서로 경쟁이라도 한듯 산이 마치 살아 움직이는 것 같았지요.

아이들이 그어 놓은 크고 작은

다양한 선을 보고 놀라고 말았어요.(선의 종류)

"어, 그림 속 여러 산의 모습이 정말 많은 선들로 이루어져 있네요."

"맞아. 화가는 선의 굵기나 움직임에 신경을 써서 멋진 산을, 멋진 그림을 그려 냈지. 그림의 왼쪽은 무성한 숲이 어우러진 부드러운 흙산으로, 오른쪽은 험준한 바위산으로 묘사되어 있지."

잭슨 탐정의 설명에 아이들은 '아' 하고 탄성을 터뜨렸어요.

그런 아이들을 흐뭇한 표정으로 바라보던 잭슨 탐정이 말을 이었어요.

"정선 역시 멀고도 험한 금강산을 두 차례나 오르며 그곳의 모습을 머리에 담았지. 그러니 너희들도 마음을 차분하게 갖고 선을 그림으로 바꾸어 보렴."

어느새 잭슨 탐정은 사라졌지만 아이들은 자신들이 마치 화가라도 된 듯 선을 휙휙 긋고 있었어요.

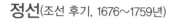

정선(조선 후기, 1676~1759년)

겸재 정선은 가난한 양반 가문의 막내로 태어났습니다. 그림에 대한 열정과 재능을 가지고 있었던 정선은 당시 국왕인 영조의 총애를 받아 많은 그림을 그렸어요.

특히 자신이 직접 다녀와 보고 그린 금강산의 모습은 아직까지도 많은 사랑을 받고 있지요. 정선의 뛰어난 필치와 사실적인 묘사로, 당시 자연의 풍경들을 생생하게 느낄 수가 있습니다.

수학 있다!
02

선에 대하여

선이란?

단순히 공간의 위치를 가리키는 것을 ‘점’이라고 해요. 그런데 이와 같은 점을 수없이 연결하여 나타난 것이 바로 ‘선’이지요. 선은 2개 이상의 점이 연결된 것으로 위치와 방향은 갖지만 넓이나 부피는 갖지 않아요.

선의 종류

서로 다른 두 점을 지나는 끝도 없는 선을 ‘직선’이라고 하고, 서로 다른 두 점을 양 끝점으로 하는 선들 중에서 가장 거리가 짧은 선을 ‘선분’이라고 해요. 한 점에서 출발해서 끝없이 뻗어 나간 선을 ‘반직선’이라고 하는데 반직선에서는 시작점과 뻗어 나간 방향이 중요하지요. 곧게 뻗은 두 선이 서로 만나지 않을 때 두 선을 ‘평행선’이라고 하고 선과 선이 만나서 생기는 점을 '교점'이라고 해요.

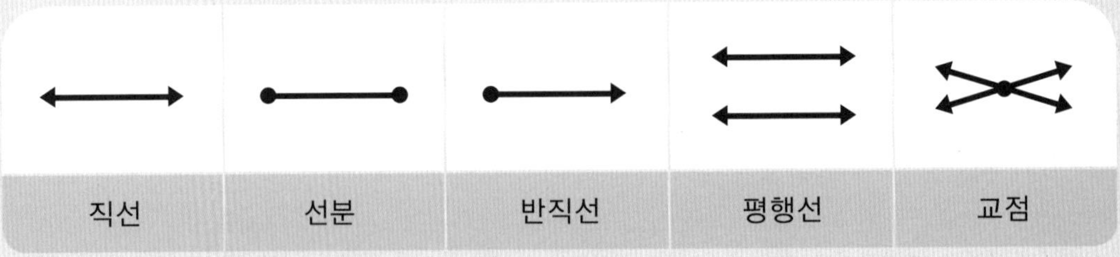

【 또 있다! **명화 속 수학** 】

김명국, 〈달마도〉

김명국, 〈달마도〉, 17세기경, 수묵화

조선 중기의 화가 김명국이 그린 그림으로 중국 불교 선종을 창시한 인물인 달마의 모습을 담고 있습니다.

단숨에 그어 내린 듯한 진하고 힘찬 선은 머리에 쓰고 있는 천과 옷이 되고, 이 선에 비해 연하고 가는 여러 개의 선은 눈썹이 되고, 눈이 되고, 코와 수염이 되어 얼굴을 이루고 있지요. 선이 모여 또렷하고 강인한 사람의 모습이 된 이 그림은 활기차고도 강렬한 느낌을 뿜어냅니다.

【 찾아보자! **생활 속 수학** 】

- 다음은 그림을 그릴 때 사용하는 선의 굵기나 각도에 따른 느낌입니다. 만약 나라면 어떤 선을 사용하여 산을 그리겠는지 생각해 보세요.

가는 선 섬세하고 예민한 느낌　　**굵은 선** 대담하고 둔탁한 느낌
수평선 균형감　　**수직선** 상승감
곧은 선 속도감과 긴장감　　**곡선** 부드러움과 유연함

답 : 예 가는 선이 주는 섬세함을 잘 드러낼 수 있도록 부드러운 곡선을 사용하여 산을 그리겠다.

명화
안으로
03

면만으로도 충분히 멋지다고?

- 면 -

몬드리안, 〈**빨강, 파랑, 노랑의 구성**〉, 1930년, 유화

몬드리안의 〈빨강, 파랑, 노랑의 구성〉과 면

“자, 조심 조심!”

토요일 아침, 스팀네 집은 일찍부터 시끄러웠어요.

엄마가 커다란 그림을 들고 오셨기 때문이에요.

“엄마, 웬 그림이에요?”

“호호, 이 그림은 아주 유명한 화가의 그림을 보고 이 엄마가 직접 그린 거란다.”

알고 보니 엄마가 일주일에 한 번씩 나가는 그림 그리는 모임에서 지난 석 달 동안 그려 완성한 그림이었답니다.

“자, 다들 궁금하죠? 기대하시라……. 짜잔!”

자신만만한 표정으로 포장을 뜯으신 엄마의 그림은 놀랄 만큼 간단했어요.

아름다운 풍경도 없고, 실물처럼 그려진 과일도, 화면 가득 채우는 사람의 얼굴도 없었지요.

오직 선으로 나눠진 면들만 있을 뿐이었답니다.

스팀은 그 자리에서 ‘헉, 엄마 이게 뭐예요? 설마 이게 다예요?’라고 말하고 싶었어요.

하지만 자랑스러워하시는 엄마의 기분을 망치고 싶지는 않았지요.

엄마의 그림은 선으로 나눠진 면들이 있을 뿐이었답니다.(면의 정의)

그래서 억지로 멋있다고 말했답니다.

그런데 다음 날 잭슨의 탐정 사무실을 찾은 스팀은 깜짝 놀라고 말았어요.

어제 엄마가 그린 것과 비슷한 그림이 사무실 벽에 걸려 있었기 때문이에요.

"잭슨 아저씨, 저 그림도 훌륭한 작품인가요?"

"물론! 훌륭한 그림이지."

"예? 이렇게 간단한데요? 선은 수직선과 수평선이 전부이고, 이 수직선과 수평선이 만나는 자리에 빨강, 노랑, 파랑이 간간이 칠해져 있을 뿐이잖아요."

"좀 단순하긴 하지. 하지만 이 속에는 깊은 뜻이 담겨 있단다."

그림 앞에서 계속 고개를 갸웃거리는 스팀에게 잭슨 탐정은 웃으며 그림에 대한 이야기를 들려주었어요.

"이 그림은 몬드리안이라는 화가가 그린 것으로 대표적인 추상화 작품 중 하나지."

'추상화'란 그릴 대상을 있는 그대로 표현하지 않고 점이나 선, 면, 색으로 나타

몬드리안은 한정된 선과 색채만으로
면을 나눈 그림을 그렸어요.(면의 특징)

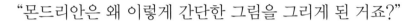

낸 그림이라고 잭슨 탐정은 덧붙여 설명해 주었어요.

그리고 몬드리안도 처음부터 추상화를 그린 것은 아니었다고 얘기해 주었지요.

"몬드리안은 왜 이렇게 간단한 그림을 그리게 된 거죠?"

"몬드리안은 빠르게 변하는 세상 속에서 결국 남는 것은 수직선과 수평선이라는 사실을 깨달았지. 그래서 한정된 선과 색채만으로 면을 나눈 그림을 그린 거란다."

몬드리안은 가장 쉽고 단순하게 그림을 그리는 방법을 연구하였다고 잭슨 탐정은 말해 주었어요.

그림 그리는 법을 마치 수학 공식처럼 정해서 사람들이 쉽게 따라할 수 있도록 했다고 말이에요.

이야기를 듣고 보니 스팀은 몬드리안처럼 자신도 그림을 단순하게 그려 봐야겠다고 생각 하였어요.

몬드리안(네덜란드, 1872~1944년)

네덜란드에서 태어난 피에트 몬드리안이 화가로서 작업을 시작하는 20세기 초반에는 이미 사진기가 대중화되어 있었어요. 그래서 사물을 있는 그대로 그리는 몬드리안의 재능은 그다지 주목받지 못했지요.

몬드리안은 사물 속에 있는 본질을 찾고자 했고, 그 결과 원색의 직사각형 면과 검정색 선으로 이루어진 그림을 독창적으로 그렸지요.

수학 있다!
03

면에 대하여

면이란?

점이 움직인 자리가 '선'이고, 선이 움직인 자리가 '면'입니다. 이렇듯 점, 선, 면은 도형을 이루는 가장 기본 요소로, 이를 통틀어 '도형의 3요소'라고 하지요.

도형의 3요소 중 면은 선으로 둘러싸인 경계선 내부의 평평한 표면을 가리켜요. 점과 선이 어떤 방식으로 만나는가에 따라 평평한 평면이 될 수도, 부드러운 곡면이 될 수도 있습니다.

면의 특징

면은 길이와 넓이를 갖게 됩니다. 그래서 면의 길이를 재는 문제나 넓이를 구하는 문제가 수학 문제로 자주 등장하지요. 면 자체로는 깊이를 갖지는 않지만 면에 색을 칠해 입체감을 표현할 수도 있답니다.

또한 면 위에는 무수히 많은 선이 있다는 특징이 있습니다. 그리고 면과 면이 만나면 선이 생기는데, 이렇게 면과 면이 만나서 생기는 선을 '교선'이라고 하고, 두 선 또는 선과 면이 만나서 생기는 점을 '교점'이라고 하지요.

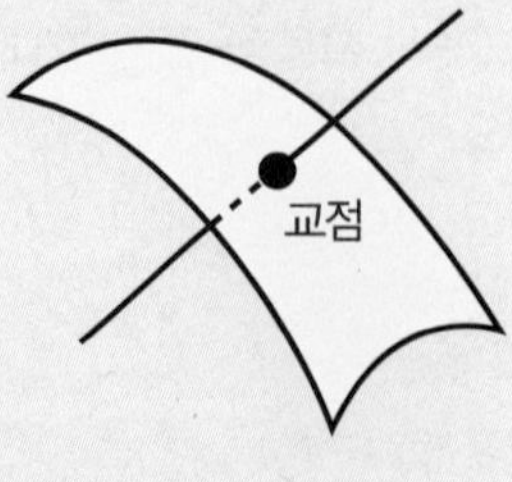

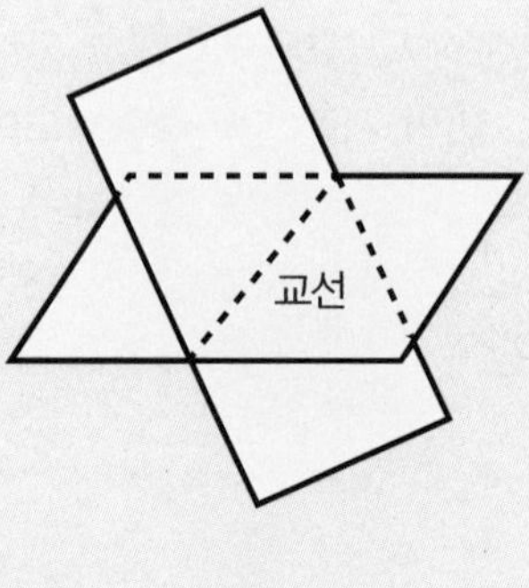

【 또 있다! 명화 속 수학 】

클레, 〈세네치오〉

클레, 〈세네치오〉, 1922년, 유화

스위스에서 태어난 파울 클레는 선, 색, 면, 공간이 화가의 내면에서 나오는 에너지에 의해 움직인다고 생각했지요. 그래서 선과 색, 평면만으로 이루어진 단순하고 순박해 보이는 그림을 많이 그렸습니다.

〈세네치오〉라는 그림은 클레의 자화상으로 알려져 있어요. 수직선이 화면 한가운데를 지나며 얼굴을 나누고, 두 개의 수평선을 그어 면을 만들고 있어요. 거기에 세모 눈썹과 네모 뺨과 턱 등을 보면 저절로 웃음이 나오지요.

【 찾아보자! 생활 속 수학 】

- 다음 그림에서 가장 많이 찾을 수 있는 면으로만 이루어진 물체를 우리 주위에서 찾아 2가지 이상 써 보세요.

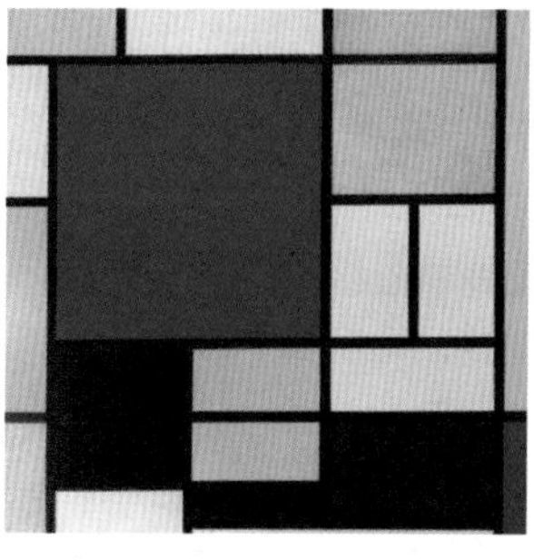

보기 상자

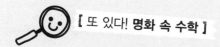

답 : 예 주사위, 냉장고, 책 등

명화
안으로
04

그림 속 숨은 도형을 찾아라!

- 평면도형 -

칸딘스키, 〈**구성 8**〉, 1923년, 유화

칸딘스키의 〈구성8〉과 평면도형

"안녕하세요?"

화창한 오후 4시, 모자를 푹 눌러 쓴 스팀이 잭슨 탐정에게 인사를 했어요.

"안녕, 스팀! 그런데 오늘따라 기분이 별로 안 좋아 보이네. 오늘 소풍 간다고 하지 않았어?"

"소풍 다녀왔죠. 그런데 별로 즐겁지 않았어요."

알고 보니 소풍을 가서 보물찾기를 했는데 스팀은 아무것도 못 찾아 잔뜩 풀이 죽어 있었던 거예요.

"아니, 그래서 그렇게 기운이 없는 거야?"

"네, 다른 친구들은 눈이 좋은지 척척 찾아대는데 제 눈에만 안 보이는 거예요."

잭슨 탐정은 스팀을 위해 뭔가 해 주고 싶었어요.

그래서 스팀만을 위한 보물찾기를 해 주기로 했지요.

"네? 저만을 위한 보물찾기요?"

"그래, 내가 보여 주는 그림에서 보물을 찾는 거야. 단, 보물은 평범한 보물이 아니라 평면에 그려진 도형이란다."

평범한 보물을 찾는 게 아니라는 잭슨 탐정의 말에 스팀은

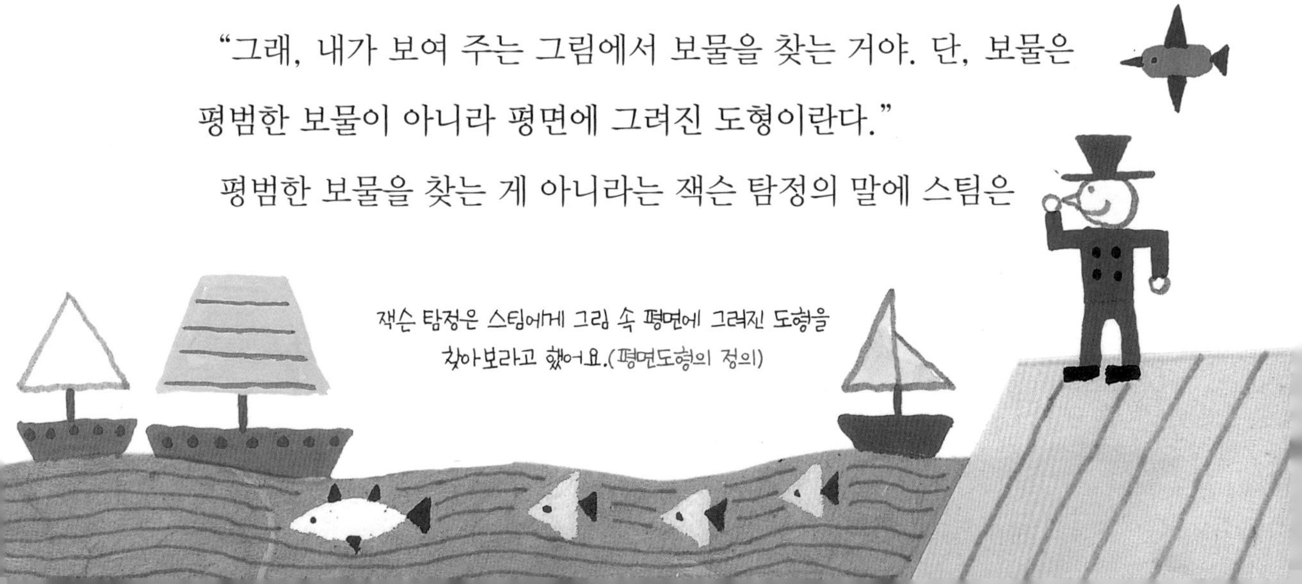

잭슨 탐정은 스팀에게 그림 속 평면에 그려진 도형을
찾아보라고 했어요.(평면도형의 정의)

호기심이 생겼어요.

잭슨 탐정이 스팀에게 보여 준 그림은 놀랍게도 구체적인 사물을 알 수 없는 추상화였어요.

"우아, 이 그림에는 도형이 정말 많은데요?"

그림을 본 스팀은 신이 났어요.

소풍을 가서 찾으려고 했던 보물은 너무 꼭꼭 숨겨져 있어서 찾기 힘들었는데 그림 속의 도형은 매우 많아서 찾기 쉬웠기 때문이지요.

"자, 그럼 이 그림 속에서 찾을 수 있는 도형에는 어떤 것이 있을까?"

"음……, 원, 삼각형, 사각형, 반원 등 아주 많아요."

"맞아. 이 그림은 선과 선이 만나 만들어진 도형으로 표현된 그림이야. 칸딘스키의 작품이지. 칸딘스키는 눈으로 볼 수 있는 세상은 점, 선, 면으로 이루어져 있다고 생각했어. 그래서 점, 선, 면으로 나누고 더해서 그림으로 표현했지."

잭슨 탐정의 설명을 들으며 스팀은 더욱 그림에 빠져들었어요.

이렇게 점, 선, 면을 사용하다 보니 여러 개의 평면도형이 그림 속에 나오게 된 것이지.

"음, 그런데 이 그림 속 평면도형 중 눈에 띄는 게 있어요."

점, 선, 면을 사용하다 보니 여러 개의 평면도형이
그림 속에 나오게 된 것이에요.(평면도형의 종류)

"그래, 어떤 건데?"

스팀은 그림의 왼쪽 윗부분의 크고 검은 원을 가리켰어요.

"너도 그렇게 느꼈구나. 칸딘스키의 그림을 보면 원이 자주 등장하는데, 원래 원에 무척 관심이 많았대. 그래서 '나는 원을 좋아한다. 그것은 원이 가진 강한 내면의 에너지와 가능성 때문이다.'라고 말할 정도였다는구나."

잭슨 탐정은 스팀의 머리를 쓰다듬어 주었어요.

"그림 속 보물을 찾았으니까 어서 선물 주세요. 네?"

"뭐? 선물? 그런 건 없는데?"

스팀은 잠깐 실망했지만 새로운 탐험을 한 것이 큰 선물이라고 생각하기로 했어요.

칸딘스키(러시아, 1866~1944년)

러시아 모스크바에서 태어난 바실리 칸딘스키는 원래 법학과 경제학을 공부했어요. 그러다가 모네의 그림을 보고 깊은 감명을 받아 화가가 되기로 결심했지요.

그후 그림을 열심히 그려서 '즉흥(Improvisation)' 시리즈, '인상(Impression)' 시리즈, '구성(Composition)' 시리즈로 잘 알려졌고, 몬드리안과 함께 추상 미술의 선구자로 평가 받고 있습니다.

수학 있다!
04

평면도형에 대하여

평면도형이란?

점, 직선, 곡선, 다각형, 원과 같이 길이나 폭만 있고 두께가 없는 도형을 평면도형이라고 해요. 평면도형은 길이와 폭이 있으므로 둘레의 길이나 넓이를 구할 수 있지요.

평면도형의 종류

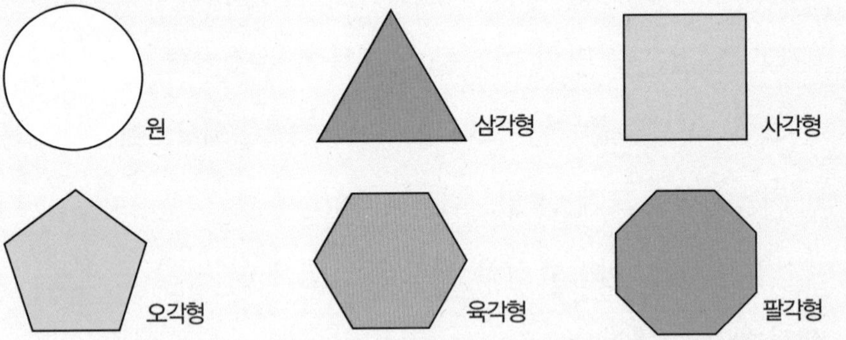

서로 다른 두 점을 양 끝점으로 하는 가장 짧은 선을 '선분'이라고 했어요. 이 선분 세 개로 둘러싸인 평면도형을 '삼각형', 네 개의 선분으로 둘러싸인 평면도형을 '사각형'이라고 하지요. 이와 마찬가지로 다섯 개의 선분으로 둘러싸이면 '오각형', 여섯 개의 선분으로 둘러싸이면 '육각형', 여덟 개의 선분으로 둘러싸이면 '팔각형'이 되지요. 삼각형과 사각형, 오각형과 육각형 등이 각이 있는 것과 달리 원은 각이 없습니다. 그렇다면 원이란 무엇일까요? 바로 일정한 점에서 같은 거리에 있는 점들이 모인 것을 '원'이라고 한답니다.

[또 있다! 명화 속 수학]

칸딘스키, 〈여러 개의 원〉

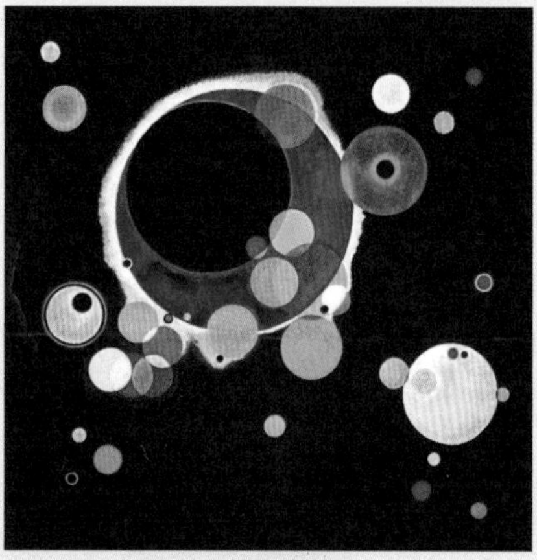

칸딘스키, 〈여러 개의 원〉, 1926년, 유화

칸딘스키는 단순한 평면도형만으로 더없이 아름다운 그림을 그린 화가입니다. 특히 그의 작품 중 〈여러 개의 원〉은 원만을 사용하여 그림을 완성하고 있지요.

이 그림에서는 크고 작은 원을 반복하여 사용하면서 아름다운 느낌을 주고 있어요. 원들은 서로 겹치기도 하고 색이 달라지기도 하면서 화면에 다양하게 배치되어 뽀글뽀글 움직이는 듯한 생동감을 주고 있답니다.

[찾아보자! 생활 속 수학]

- 다음은 여러 가지 평면도형이 들어 있는 칠교판입니다. 이것을 이용하여 여러 가지 사물을 만들어 보세요.

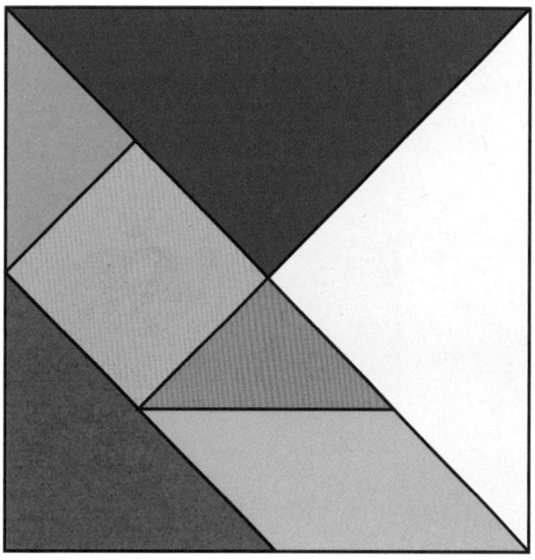

답 : 각자 해 보세요.

명화 안으로 05

그림에 입체도형이 들어 있다고?

- 입체도형 -

레제, **〈파이프를 들고 있는 남자〉**, 1918년, 유화

레제의 〈파이프를 들고 있는 남자〉와 입체도형

스팀은 아침 일찍부터 기분이 좋았어요.

화창한 일요일 아침이기도 했지만, 잭슨 탐정이 전시회에 데리고 가 주기로 한 날이었거든요.

스팀은 헐레벌떡 미술관으로 뛰어갔어요.

'입체도형만의 전시회'라는 포스터가 곳곳에 붙어 있었지요.

"스팀, 어서 오렴. 자, 같이 전시회에 들어가 볼까?"

"네!"

잭슨 탐정과 스팀이 들어간 미술관 전시회장은 '입체도형만의 전시회'라는 이름에 걸맞게 다양한 조각 작품들이 전시되어 있었어요.

자전거 바퀴처럼 생긴 동그란 조각품도 있고, 사람의 몸을 균형 있게 조각하여 만든 작품도 있었지요.

'역시 입체도형만의 전시회답게 올록볼록 다양한 조각품들로 가득하구나!'

스팀이 이런 생각을 할 무렵 다른 조각 작품과 달리 벽에 평평한 점이 가득한 그림이 눈에 들어왔어요.

'어? 여기는 입체도형만의 전시회장인데, 웬 그림이 걸려 있지?'

스팀은 입체도형으로 이뤄진 조각품이라 다들 입체적이라고 생각했어요.(입체도형의 정의)

"잭슨 아저씨, 이 그림은 전시회장을 잘못 찾아왔나 봐요."

"왜?"

"여긴 입체도형만의 전시회장이잖아요. 이 그림은 평면인데 어떻게……."

"하하, 그림을 자세히 한번 보렴."

잭슨 탐정의 말에 그림을 뚫어져라 본 스팀은 깜짝 놀랐어요.

그림 속에는 파이프를 들고 있는 남자의 모습이 그려져 있는데, 그 모습이 모두 입체도형으로 이루어져 있었기 때문이에요.

구, 원기둥 등 다양한 입체도형이 여러 형태로 조합을 이루어 마치 사람의 모습을 하고 있었지요.

"어때? 이 그림도 이 전시회에 있을 만하지?"

"네! 정말 신기해요. 어떻게 평면적인 그림에 입체도형을 담을 생각을 했을까요?"

"후후, 그렇게 신기하니?"

"네! 입체도형을 사용해 입체적으로 그린 게 너무 신기해요."

그림 속에 등장한 남자는 인간적인 분위기가 사라진 로봇과 같이 차갑게 표현되어 있는데 그 느낌을 입체도형만으로 나타낸 것이

구, 원기둥 등 다양한 입체도형이 여러 형태로 조합을 이루고 있었어요.(입체도형의 종류)

지요.

"이렇게 신기한 그림은 누가 그린 거예요?"

"응, 레제라는 프랑스 작가의 작품이야."

잭슨 탐정은 제1차 세계대전에 참전했던 레제가 전쟁에서 충격적인 현실을 많이 체험했다고 했어요.

그래서 차가운 금속의 느낌을 그림 속에 많이 담았다고 알려 주었지요.

그림은 매우 인상적이었는데, 특히 남자가 들고 있는 파이프에서 나오는 담배 연기와 배경이 눈에 띄었어요.

담배 연기는 둥근 구의 형태로 표현하고 여기에 각이 진 배경을 대비해서 생동감을 주고 있지요.

스팀은 마치 담배 냄새가 나는 것 같은 느낌이 들어 그림을 보면서 코를 막았답니다.

레제(프랑스, 1881~1955년)

프랑스 노르망디에서 태어난 페르낭 레제는 처음에는 건축 사무소에서 일하다가 파리로 가서 미술 공부를 하였어요. 인상파인 마티스와 세잔의 영향을 받아 입체파 운동에 참가하였지요.

전쟁 이전에는 튜브 모양의 형태를 자주 사용하였는데, 전쟁 이후에는 보다 차갑게 금속 느낌이 나도록 표현했지요. 〈건설자들〉, 〈아담과 이브〉와 같은 작품을 남겼답니다.

수학 있다!
05

입체도형에 대하여

입체도형이란?

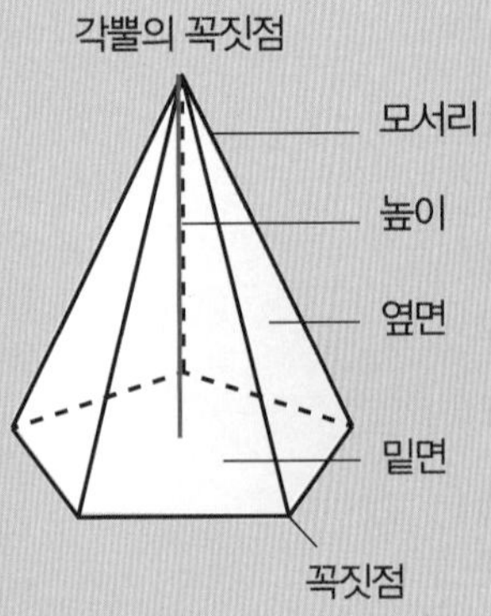

점 · 선 · 면을 기본으로 하여 공간 내에 있는 각종 도형을 '입체도형' 또는 '공간도형'이라고도 해요. 길이와 넓이, 부피를 모두 가지는데, 그림과 같은 각뿔의 경우 꼭짓점, 모서리, 옆면, 밑면으로 이루어져 있지요.

입체도형의 종류

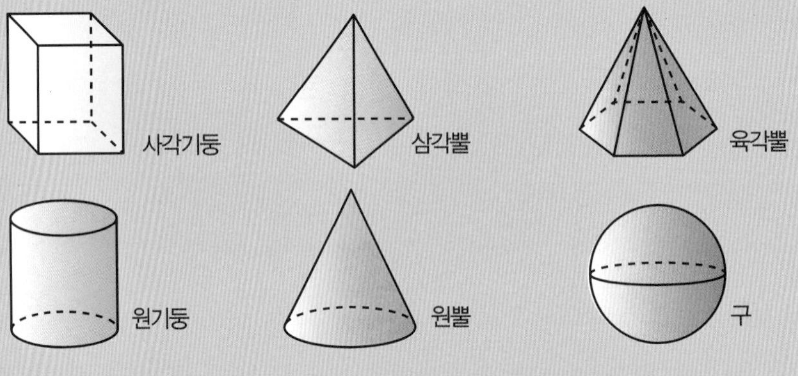

각기둥은 위와 아래에 있는 면이 서로 평행이고 합동인 다각형으로 이루어진 입체도형을 말합니다. 밑면이 삼각형이면 '삼각기둥', 사각형이면 '사각기둥'이 됩니다. 그리고 각뿔은 밑면이 다각형이고 옆면이 삼각형인 뿔 모양의 입체도형을 말합니다. 밑면의 모양에 따라 '삼각뿔', '육각뿔' 등이 있지요. 이 외에도 '원기둥', '원뿔', '구' 등이 입체도형에 속한답니다

[또 있다! **명화 속 수학**]

레제, 〈점심 식사〉

레제는 '자연은 원뿔, 원기둥, 구에서 비롯된다.'는 세잔의 말에 큰 영향을 받았어요. 그래서 평면에 입체를 그리고자 애를 썼지요.

이 그림 역시 이러한 레제의 생각이 잘 드러난 작품입니다. 점심 식사를 준비하는 두 명의 여인을 화폭에 담았어요. 레제는 구와 원기둥의 이미지를 사용했지요.

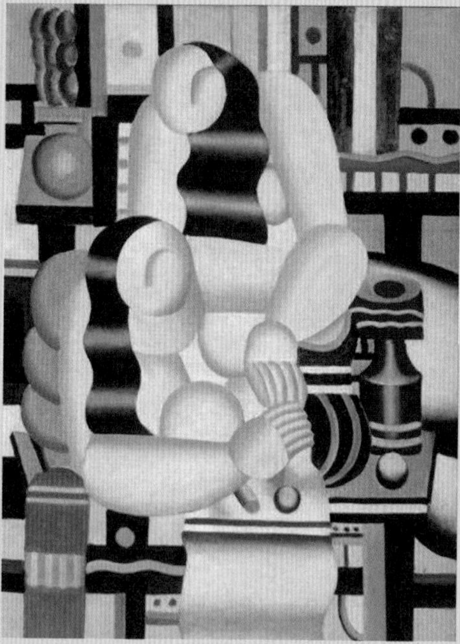

레제, 〈점심 식사〉, 1921년, 유화

[찾아보자! **생활 속 수학**]

● 다음 입체도형과 같은 모양을 가진 물건을 선으로 연결하세요.

(1) 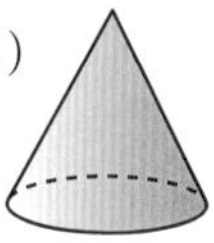

(2) 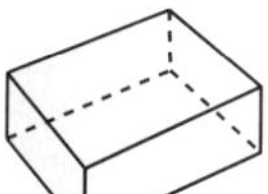

(3) 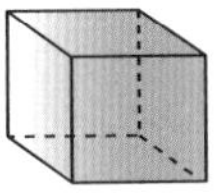

(4) 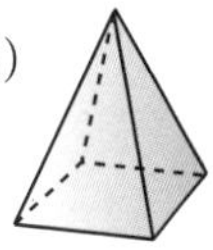

① 주사위 ② 고깔 ③ 피라미드 ④ 사전

답 : (1)② (2)④ (3)① (4)③

명화
안으로
06

그림 속 숫자를 찾아라!

- 숫자 -

작자 미상, **〈숫자 맞추기 놀이 카드〉**, 1776~1870년경, 소묘

작자 미상의 〈숫자 맞추기 놀이 카드〉와 숫자

"너 수학 성적이 이게 뭐니?"

학교에 다녀온 스팀은 엄마께 꾸중을 듣고 있었어요.

중간고사 성적이 나왔는데 수학 점수가 지난 학기보다 10점이나 떨어졌기 때문이에요.

"만날 책상 앞에 앉아서 컴퓨터 게임만 하니까 이렇게 된 게 아니니?"

엄마 말씀이 크게 틀리지 않아 스팀은 변명하지 못했어요.

"앞으론 더 열심히 해서 성적 꼭 올릴게요."

스팀의 말에 엄마는 한번 믿어 보겠다며 공부 열심히 하라고 말씀해 주셨지요.

사실 스팀도 꽤 충격을 받았기 때문에 누구보다 수학 성적을 올리고 싶었어요.

게임에 빠져서 공부를 게을리 했던 것이 아무래도 성적이 떨어진 원인 같아서 게임은 끊고 생활 속에서 수학 공부를 적용하기로 했지요.

그래서 반찬을 먹으면서도 콩자반의 개수와 소시지의 개수를 곱해 보기도 하였어요.

그리고 집안의 물건들의 모양을 도형으로 바꿔서 생각해 보기

콩자반의 개수와 소시지의 개수를 곱해 보았어요.(생활 속 숫자)

도 했어요.

그래도 뭔가 부족한 기분이었지요.

볼 때마다 수학을 공부할 수 있는 기본이 될 만한 것이 집에 있으면 마음을 더 굳건히 먹을 수 있을 것 같았거든요.

수학 공부에 열을 올리던 스팀의 마음과 결심도 삼 일이 지나자 살짝 무뎌지고 있었어요.

'공부하기 전에 가볍게 게임 한 판하고 할까?' 하는 생각에 스팀은 컴퓨터를 켜고 말았어요.

그리고 잭슨 탐정이 보낸 이메일이 있는 것을 알게 되었지요.

'웬 메일이지?'

'수학 공부의 기본을 떠올리게 하는 그림'이라는 제목의 이메일이라 솔직히 궁금하기도 했어요.

그래서 급하게 이메일을 열어 보았답니다.

'안녕? 스팀! 네가 요즘 게임을 접고 수학 공부를 열심히 한다는 소식을 들었어. 기특하구나! 혹시 그런 결심이 무너지고 게임을 하고 싶을 때를 대비해서 이 그림을 선물한다. 이 그림을 컴퓨터 배경 화면으로 저장해 두면 컴퓨터를 켤 때마다 볼 수 있어서 네 마음을 다잡는데 도움이 될 거야. 수학 공부의 기본인 '숫자'를 그림에 담은 그림이란다. 잘 보고 공부 열심히 하렴.'

스팀은 숫자가 담긴 그림을 통해 수학의 기본인
'숫자'에 대해 다시 생각하게 되었어요.(수와 숫자)

스팀은 잭슨 탐정이 이메일에 첨부해 준 여러 장의 그림을 보았어요.

비슷한 형태로 공간이 나누어져서 차례대로 숫자와 글자가 적혀 있는 그림이었어요.

어린아이들이 수와 낱말을 익히기 위해 사용하는 그림 같았지요.

스팀은 재미있는 그림을 보내 준 잭슨 탐정이 고마웠어요.

솔직히 잭슨 탐정의 이메일이 아니었으면 아마 지금쯤 신 나게 게임에 빠져 있었을 테니까 말이에요.

스팀은 아이들이 숫자를 배우는 이 그림들을 보면서 수학의 기본인 '숫자'에 대해 다시 생각하게 되었고, 수학 공부를 더 열심히 해야겠다는 다짐을 하게 되었답니다.

작자 미상의 그림

18세기에 그려진 그림으로 연필로 물건의 모양과 밝기를 표현한 것입니다. 1장의 크기는 각각 가로는 15센티미터, 세로는 13센티미터 정도이지요. 그리고 이 그림은 불투명한 수채물감을 사용하여 그림을 그렸습니다.

이 그림은 프랑스 파리 근교의 작은 도시인 샹티이에 위치한 콩데 미술관에 보관 중입니다.

수학 있다!
06

숫자에 대하여

생활 속 **숫자**

우리의 생활은 숫자와 떼려야 뗄 수 없는 관계에 있어요. 아침에 일어나서 제일 먼저 보는 시계에도 숫자가 들어 있고, 물건을 사기 위해서도, 물건의 값을 치르기 위해서도 숫자를 모르면 큰 낭패를 보지요. 이렇게 숫자는 아주 중요한 존재로 생활 속에 자리매김하고 있답니다.

수와 **숫자**

수와 숫자, 어떻게 보면 같은 의미로 쓰일 것도 같지만 둘은 큰 차이가 있답니다. 수는 사물을 세거나 헤아린 양, 크기나 순서를 나타내지만 숫자는 그 수를 나타내는 기호이기 때문이지요.

예를 들어 볼까요? '60'의 경우는 십의 자리 숫자 6과 일의 자리 숫자 0으로 이루어진 것이지요. 그런데 '60'은 1에서 세었을 때 60번째인 수로 '예순'이라고도 부르지요.

수에는 세 가지 의미가 있습니다.

첫 번째는 크기나 개수를 나타내는 수이지요. 130cm, 32kg처럼 말이에요.

그리고 두 번째는 사물의 순서를 나타내는 수예요. 1등, 2등처럼 말입니다.

끝으로 양이나 순서가 아닌 서로 다름을 나타내는 수가 있어요. 전화번호나 주민등록번호가 여기에 속하지요.

【 또 있다! **명화 속 수학** 】

채용신, 〈십장생도〉

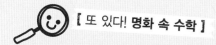

이 그림은 어디를 보아도 수나 숫자가 등장하지는 않습니다. 하지만 '수' 하면 떠오르는 그림 중 하나지요. 왜냐하면 십장생을 다루고 있는 그림이기 때문입니다.

십장생이란 오래 살고 죽지 않는 열 가지를 뜻해요. 해, 산, 물, 돌, 소나무, 달 또는 구름, 불로초, 거북, 학, 사슴을 일컫습니다. 조선 시대에는 설날에 십장생 그림을 궁궐 안에 걸어 놓는 풍습이 있었다고 합니다.

채용신, 〈십장생도〉,
1920년경, 수묵담채화

【 찾아보자! **생활 속 수학** 】

● 다음 밑줄 친 숫자 중 가장 큰 수는 어느 것인가요?

① 스팀은 오늘 아침 5시에 일어났어요.
② 스팀은 학교에서 출석 번호가 15번이에요.
③ 스팀은 친구들과 축구를 하며 5골을 넣었어요.
④ 스팀은 줄넘기를 50개 이상 할 수 있어요.
⑤ 스팀은 빵을 먹고 우유 500ml를 마셨어요.

명화
안으로
07

그림에 덧셈이 있다고?

- 덧셈 -

뒤러, 〈**멜랑콜리아1**〉, 1514년, 동판화

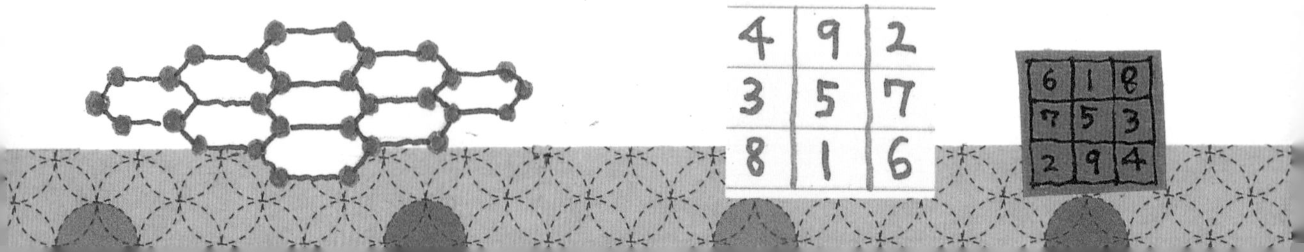

뒤러의 〈멜랑콜리아1〉과 덧셈

"쿠당탕 쿵!"

어느 날 스팀은 우스꽝스러운 표정으로 쾅 넘어졌어요.

다음 주에 학교에서 장기 자랑을 하는데, 스팀은 자신이 제일 존경하는 찰리 채플린 흉내를 내려고 하거든요.

그래서 종이로 수염도 만들어 붙이고 우산을 지팡이 삼아 열심히 연습 중이었어요.

그런데 옆방에서 누나의 목소리가 들려 왔어요.

"조용히 좀 해. 나 지금 문제 풀고 있어."

스팀은 무슨 문제를 푸는지 궁금해 누나의 방으로 가 보았어요.

커다란 그림 앞에서 골똘히 생각에 잠긴 누나가 보였지요.

"에이, 문제 푸는 거 아니잖아. 그런데 왜 자꾸 조용히 하래?"

"나 문제 푸는 거 맞거든! 그림 속에 수학 문제가 있단 말이야. 그러니 방해하지 말아 줘."

스팀은 누나의 말을 믿을 수 없었어요.

그림 속에는 누나처럼 고민에 빠진 사람의 모습밖에 보이지 않았거든요.

하지만 누나는 가로로 더한 값도, 세로로 더한 값도, 대각선으로 더한 값도 같아야 하는 덧셈 문제를 풀고 있다고 말했지요.

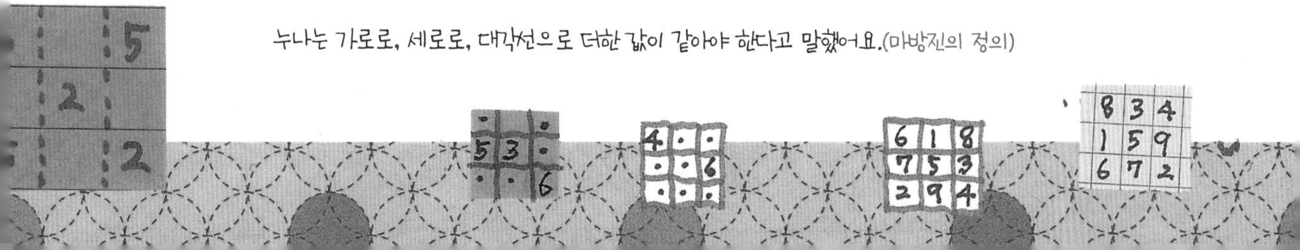
누나는 가로로, 세로로, 대각선으로 더한 값이 같아야 한다고 말했어요.(마방진의 정의)

“아무리 봐도 이건 그냥 그림이잖아. 문제가 어디 있어?”

“바로 여기 있잖아.”

누나가 가리킨 것은 그림의 오른쪽 윗부분에 위치한 종 아래에 있는 가로 세로 4칸으로 이루어진 사각형이었어요.

“에? 이게 무슨 문제야. 그냥 그림이잖아.”

“모르는 말씀! 이게 바로 어려운 수학 문제야. 너 혹시 ‘마방진’이라고 들어 봤니? 이게 바로 마방진이야. 요즘 두뇌 게임으로 많이들 하는 ‘스도쿠’가 마방진에서 유래된 거지.”

어리둥절해 하는 스팀에게 누나는 마방진이란 1, 2, 3, 4와 같은 자연수를 정사각형 모양으로 나열하여 가로, 세로, 대각선으로 배열된 각각의 수의 합이 전부 같아지게 만든 것이라고 가르쳐 주었지요.

“그럼 이 그림에 있는 숫자표가 마방진이라는 말이야?”

“그래, 그것도 가로 세로 4칸씩으로 이루어진 어려운 마방진이지. 가로, 세로, 대각선으로 배열된 수를 각각 한 번 더해 봐.”

스팀은 누나 말대로 가로에 놓인 수부터 얼른 더해 보았어요.

가로 첫 번째 줄은 ‘16+3+2+13’으로 34이고, 가로 두 번째 줄은 ‘5+10+11+8’로 역시 34였지요. 세 번째 줄은 ‘9+6+7+12’, 네 번째 줄은 ‘4+15+14+1’로 역시 34였지요.

요즘 두뇌 게임으로 많이들 하는 ‘스도쿠’가
마방진에서 유래된 거예요.(마방진의 유래)

놀랍게도 세로의 합과 대각선의 합 역시 34였답니다.

"우아, 누나 이거 정말 신기하다!"

"그렇지? 이 누나는 이렇게 놀라운 덧셈 문제를 풀고 있었다고. 이래도 내가 문제를 풀고 있지 않은 거니?"

스팀은 누나의 말에 할 말이 없었어요.

"난 또 누나가 하도 심각한 표정이어서 말이야."

"그랬니? 그건 이 그림의 제목이 '우울'을 의미하는 '멜랑콜리아'라서 그런 것일 수도 있어."

"어쩐지 그림에 나오는 여자의 표정과 누나의 표정이 꼭 닮았더라고. 아니 얼굴도 좀 닮은 것 같은데! 헤헤."

"뭐라고!"

뒤러(독일, 1471~1528년)

알브레히트 뒤러는 독일의 화가이자 판화가로 금을 세공하는 아버지 밑에서 태어났습니다. 가업을 이어서 판화를 공부하던 뒤러는 그림으로 전공을 바꾸어서 서양 미술사 최초의 독립적 영역의 자화상을 그리는 등 업적을 남겼지요.

이탈리아 전성기 르네상스 미술을 단순히 모방하는 데에 그치지 않고 독일 미술의 전통 속에서 살린 점을 높이 평가 받아 독일 최대의 미술가로 불리고 있습니다.

수학 있다! 07

덧셈에 대하여

덧셈과 **마방진**이란?

덧셈은 몇 개의 수나 식을 계산하는 셈을 말해요. 마방진은 재미있는 덧셈 문제로, 자연수를 1로부터 중복이나 빠짐이 없이 하나씩 늘어놓아서 각각 수의 합이 같게 만든 표를 말하지요.

옛날 중국 사람들을 악마를 쫓고 병을 물리치기 위해 대문이나 방문에 마방진을 붙여 두었다고 해요. 왼쪽의 그림은 가로 세로 3칸으로 이루어진 기본적인 마방진입니다. 가로, 세로, 대각선의 합이 모두 15로 같지요.

4	9	2
3	5	7
8	1	6

마방진의 **유래**

약 4천 년 전 거북 한 마리가 강기슭에 올라왔는데, 이 거북의 등딱지에 1부터 9까지의 수가 점으로 찍힌 그림이 새겨져 있었대요. 점의 개수는 가로, 세로, 대각선 어디로 합해도 항상 15로 같았지요. 이것이 바로 마방진의 시초라고 해요.

이후 마방진은 서아시아, 남아시아, 유럽 등지로 전해졌어요. 특히 유럽 사람들은 마방진을 신비롭게 여겨서 점성술의 연구 대상으로 삼았지요. 우리나라에서도 마방진이 연구되어 〈구수략〉에 기록되어 있답니다.

스도쿠는 '숫자가 겹치지 않아야 한다.'라는 뜻으로, 스위스에서 고안한 마방진에서 유래하여 일본의 퍼즐 게임 회사에서 이름을 새로 붙인 것이지요.

【 또 있다! **명화 속 수학** 】

김홍도, 〈씨름〉

김홍도, 〈씨름〉, 18세기경, 수묵채색화

조선 후기의 화가였던 김홍도의 〈씨름〉은 씨름판의 열기를 강조하는 원형 구도로 화면 중앙으로 시선을 집중시키는 그림이에요.

얼핏 보기에는 〈멜랑콜리아1〉과 관련이 없어 보이지만, 사람의 수를 세어 표에 넣어보면 비슷한 점을 발견하게 됩니다. 왼쪽 표와 같이 사람의 수를 나타낼 수 있는데, 대각선에 위치한 세 수의 합이 모두 12가 됨을 알 수 있지요. 이러한 배열을 'X자형 마방진'이라고 부른답니다.

8		5
	2	
5		2

【 찾아보자! **생활 속 수학** 】

● 다음은 가로 세로 각 3칸씩으로 이루어진 표입니다. 1부터 9까지의 수를 한 번씩만 써 넣어서 마방진을 만들어 보세요.

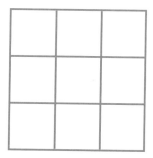

답 : 각자 해 보세요.

명화
안으로
08

어, 시간이 벌써 이렇게 됐어?

- 시계 읽기 -

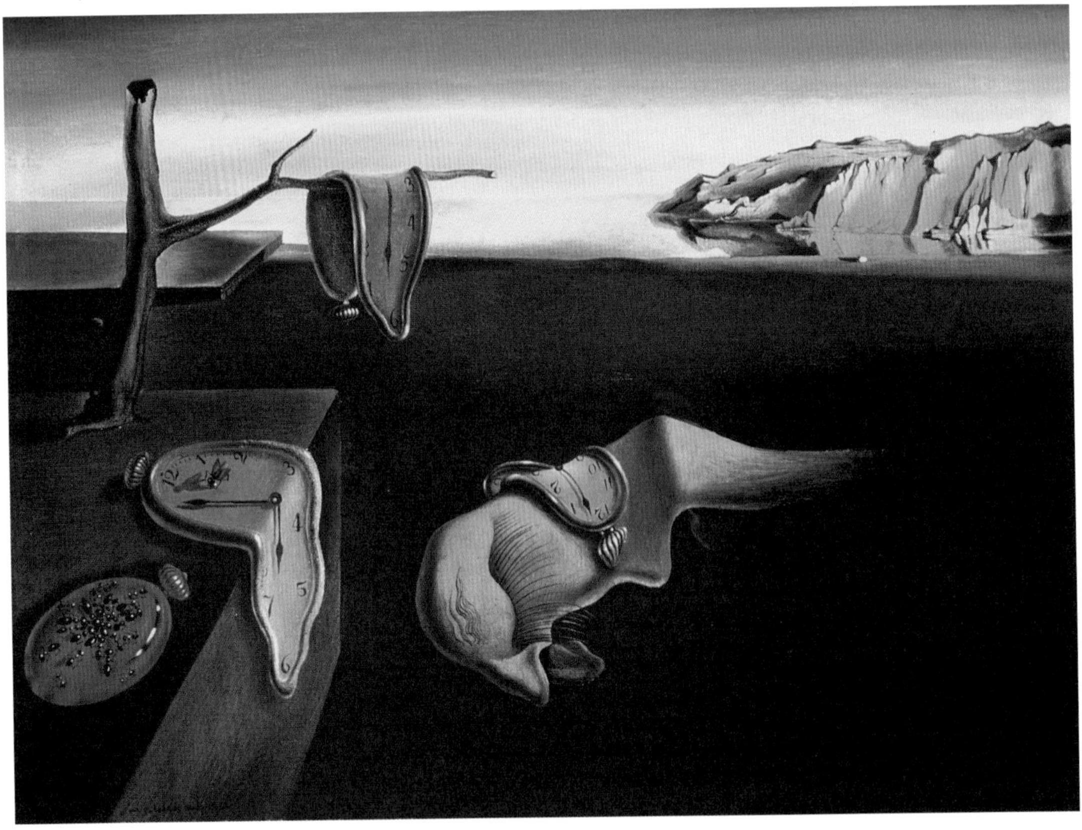

달리, 〈**기억의 지속**〉, 1931년, 유화

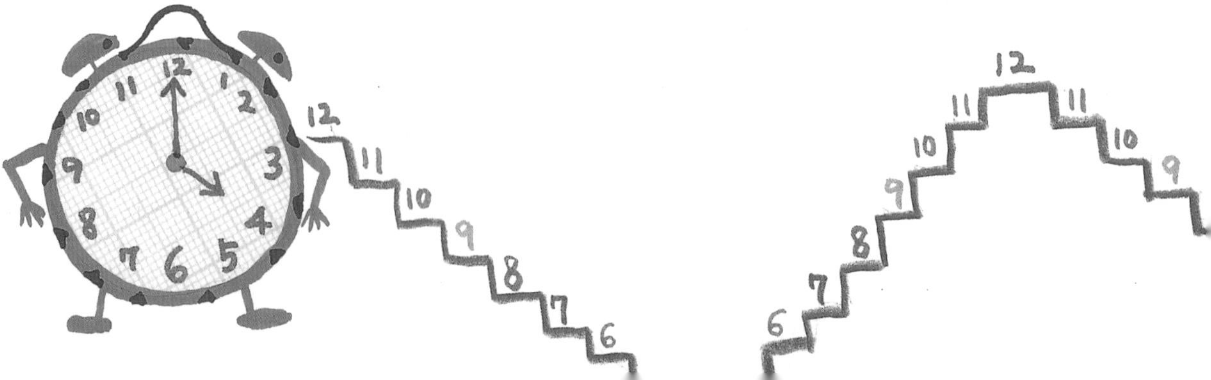

달리의 〈기억의 지속〉과 시계 읽기

“삐삐삐삐~”

아침 7시 50분, 스팀은 너무 졸려 침대 머리맡 시계를 10분 뒤로 맞춰 두고는 다시 베개에 얼굴을 묻었어요.

“삐삐삐삐~”

잠깐 눈을 붙인 것 같은데 알람 시계가 또 울리기 시작했지요.

무거운 눈꺼풀을 들고 시계를 노려보았지만, 시계는 스팀이 맞춰 놓은 8시 정각에 정확하게 울리고 있었어요.

그런 스팀을 보고 엄마는 걱정을 하셨지요.

“어제도 지각하더니 오늘도 또 지각하고 싶은 거니? 네가 조금만 일찍 일어나면…….”

엄마의 걱정하는 소리가 끝도 없이 계속 되자 스팀은 지루해져서 슬그머니 시계를 봤어요.

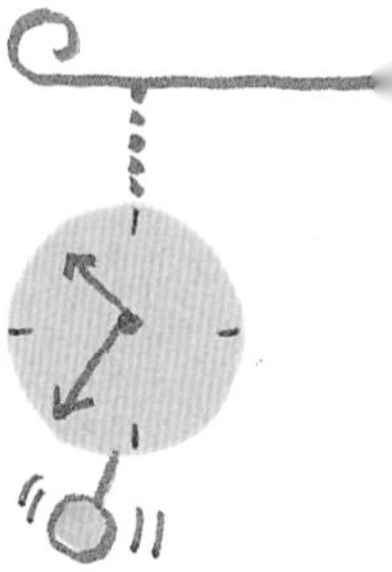

그런데 엄마가 말씀하신 지 1분도 채 지나지 않은 거예요.

시계가 고장 난 것도 아닌데 어떻게 이럴 수 있죠?

궁금함을 참지 못하는 스팀은 학교가 끝나자마자 잭슨 탐정의 사무실을 찾았어요.

“잭슨 아저씨, 제 시계가 이상해요.”

스팀은 아침에 있었던 일을 잭슨 탐정에게 얘기해 주었어요.

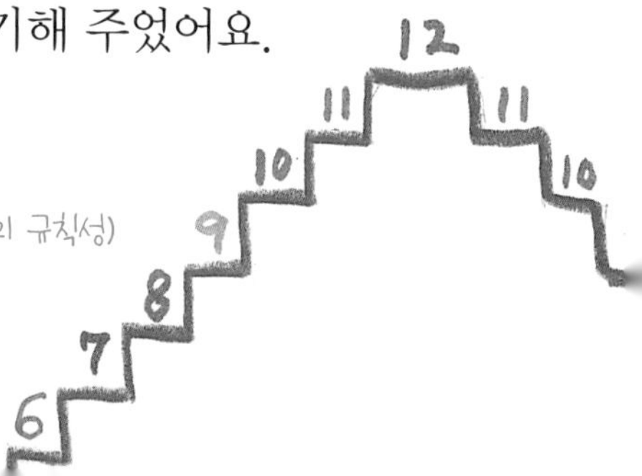

스팀은 시계가 고장 난 것 같았지만 그렇지 않았어요.(시간의 규칙성)

"하하, 스팀도 달리와 같은 생각을 했구나."

잭슨 탐정은 스팀에게 살바도르 달리라는 화가의 그림을 하나 보여 주었어요.

그림 속에는 축 늘어져 금세라도 미끄러져 흘러내릴 것 같은 시계들이 보였지요.

"어? 이 시계들은 왜 이렇게 늘어진 거예요?"

"글쎄, 시계의 바늘은 똑같은 속도로 움직이지만 시간이 누구에게나 똑같이 느껴지는 건 아니잖아. 화가는 그런 시간을 표현하고 싶었던 것은 아닐까?"

"달리라는 화가도 저처럼 그림을 그릴 때 지루했었나 봐요."

"뭐라고? 하하하."

스팀의 말에 잭슨 탐정은 크게 웃었어요.

달리는 마음의 변화에 따라 고무줄처럼 늘어나기도 하고, 줄어들기도 하는 시간을 그림에서 축 늘어진 시계로 표현했지요.

그림 속에는 모두 네 개의 시계가 나오는데, 나뭇가지에 걸린 시계, 조갯살처럼 생긴 기묘한 얼굴 위에 축 늘어진 시계, 한 마리 파리가 앉은 시계, 개미 떼가 바글거리는 시계가 바로 그것이랍니다.

앙상한 나뭇가지에 걸린 시계의 시침과 분침 중 하나가 '6'을

회중시계는 주머니에 넣고 다니며
뚜껑을 열어 보는 시계예요.(시계의 종류)

가리키고 있는데, 만약 시침이라면 '6시'쯤일 것이고, 분침이라면 '몇 시 30분'일 거예요.

또한 얼굴 위의 시계는 분침이 이제 막 '12'를 지났고, 파리가 앉은 시계는 조금 있으면 '7시'가 되려고 하고 있지요.

또한 그림 속 네 개의 시계 중 붉은 색 시계는 회중시계로, 주머니에 넣고 다니며 뚜껑을 열어 보는 시계예요.

그런데 이 시계 위에 검은 개미가 잔뜩 꼬였어요.

잭슨 탐정은 달리가 '죽음'을 표현하고 싶을 때 개미를 그려 넣었다고 가르쳐 주었지요.

따라서 개미가 잔뜩 모인 이 시계는 '죽은 시간' 즉 '잊혀진 시간'을 표현한다고 짐작할 수 있어요.

달리(에스파냐, 1904~1989년)

1904년 에스파냐에서 태어난 살바도르 달리는 매우 총명했지만, 수업 시간에 집중하지 못하고 공상에 빠져 있는 아이였어요. 달리는 산 페르난도 왕립 미술 학교에 입학했고, 초현실주의 미술에 관심을 갖기 시작했어요.

달리는 무의식의 세계 또는 꿈의 세계의 표현을 지향하는 20세기의 문학·예술사조인 초현실주의의 영향을 받아 꿈결 같은 이미지를 화폭에 담았답니다.

수학 있다!
08

시계 읽기에 대하여

시간의 규칙성

시계는 시간을 가르쳐 주는 기계로, 시를 알려 주는 짧은바늘인 '시침'과 분을 알려 주는 긴바늘인 '분침'으로 이루어져 있어요. 때로는 초를 알려 주는 '초침'이 있는 시계도 있지요. 따라서 시간을 읽을 때는 '시침→분침→초침' 순서로 읽어야 해요. 오른쪽 시계의 경우 '10시 12분 35초'와 같이 읽으면 되지요. 이때 '1시간=60분, 1분=60초'이므로, 분침이 1을 가리키면 5분, 2를 가리키면 10분으로 읽어야 한답니다.

시계의 종류

시계는 기원전부터 사용해 온 만큼 그 종류도 다양했습니다.

해의 움직임을 이용해서 시간을 알아보는 해시계, 물의 이동으로 시간의 경과를 측정할 수 있는 물시계를 비롯하여 호리병 모양의 유리그릇 위쪽에 모래를 넣고 작은 구멍으로 모래를 떨어뜨려 시간을 재는 모래시계, 달리의 그림 속에 나오는 회중시계와 불이 타 없어지는 정도를 보고 시간을 측정하는 불시계 등이 있어요.

그후, 동력을 이용하는 기계 시계가 발명되었는데, 추의 회전이나 흔들림을 이용하였어요.

오늘날에는 태엽을 이용한 시계와 전자시계 등 다양하고 정밀한 시계가 있어요.

【 또 있다! **명화 속 수학** 】

세잔, 〈검은 대리석 시계〉

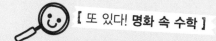

폴 세잔은 프랑스의 화가로 피카소와 같은 입체파 화가들에게 많은 영향을 주어 '근대 회화의 아버지'로 불려요.

세잔의 그림은 차분하면서도 무거운 분위기를 갖고 있어요. 이 그림은 커피잔, 컵 등의 정물을 그린 작품으로 특히 시침과 분침이 보이지 않는 검은색의 시계가 아주 인상적입니다.

세잔, 〈검은 대리석 시계〉, 1869~1871년, 유화

【 찾아보자! **생활 속 수학** 】

● 다음 그림 속 시계가 가리키는 시간과 가장 관계 깊은 일은 무엇인가요?

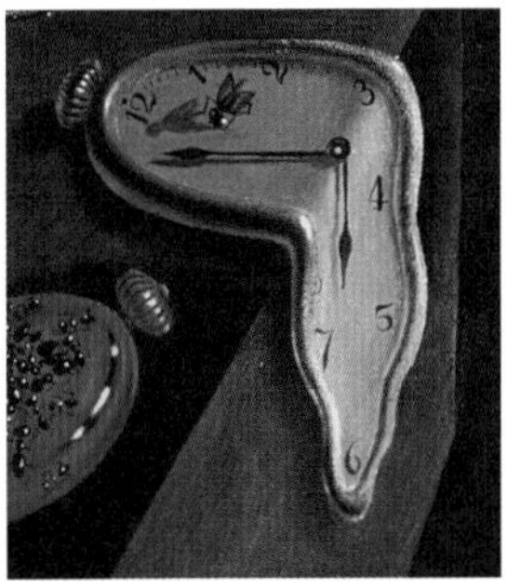

① 스팀은 3시 20분에 친구들과 축구를 했어요.

② 스팀은 5시 45분에 수학 숙제를 모두 끝냈어요.

③ 스팀은 6시 55분에 저녁 식사를 하기 위해 식탁에 앉았어요.

④ 스팀은 8시 55분에 세수를 하고 잠옷으로 갈아입었어요.

답 : ③

명화
안으로
09

왼쪽과 오른쪽이 똑같아!

- 대칭 -

라파엘로, **〈아테네 학당〉**, 1509~1510년, 프레스코화

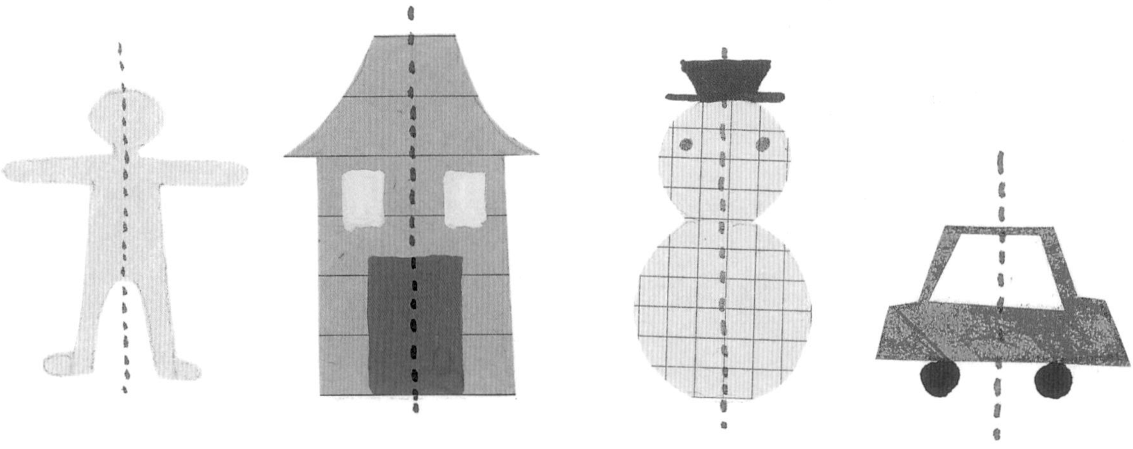

라파엘로의 〈아테네 학당〉과 대칭

잭슨 탐정의 사무실을 찾아가는 스팀의 발걸음이 바빴어요.

그래서 노크도 없이 사무실 문을 '벌컥' 열고 말았답니다.

"잭슨 아저씨!"

"아야!"

스팀 때문에 놀란 잭슨 탐정은 면도를 하다가 턱을 살짝 베고 말았어요.

"으, 피! 어떻게 해!"

"아저씨, 죄송해요. 괜찮으세요?"

스팀이 걱정스레 물었지만, 잭슨 탐정은 거울로 다친 부분을 들여다보느라 정신이 없었어요.

"아저씨, 많이 다치셨어요?"

"이그, 큰일이네."

거울을 보던 잭슨 탐정은 오늘 멋지게 보여야 할 중요한 약속이 있었어요.

그런데 상처 때문에 얼굴이 대칭이 되지 않게 되었다며 걱정을 늘어놓았어요.

대칭을 이루어야 조화로워 보이고 또 더 멋져 보이는 것이라고 말씀하셨답니다.

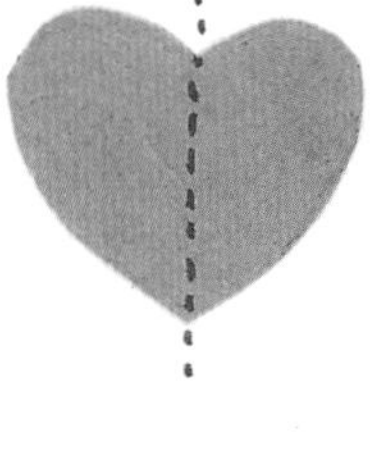

잭슨 탐정은 대칭을 이루어야 조화로워 보이고
멋져 보인다고 말씀하셨어요.(대칭의 정의)

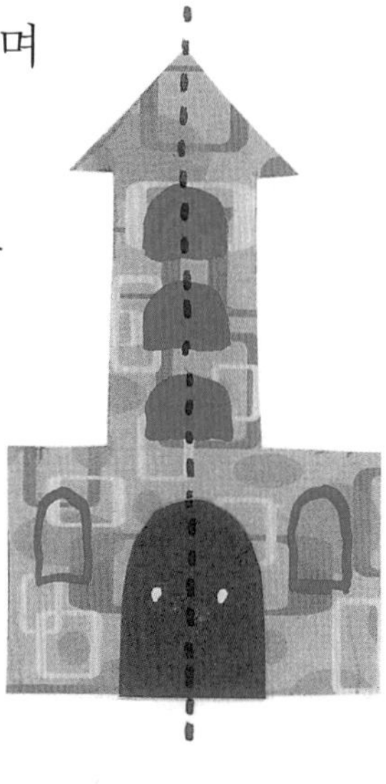

"아저씨, 왜 굳이 대칭이어야 멋진 거예요? 아니어도 괜찮잖아요."

고개를 갸웃하는 스팀에게 잭슨 탐정은 그림을 하나 꺼내어 보여 주었지요.

"이 그림은 라파엘로의 〈아테네 학당〉이라는 그림이야. 어때, 멋지지? 이 그림을 잘 보면 그림 속 사람들의 자세가 모두 제각각이지만, 가운데 두 사람을 기준으로 양쪽이 균형 있게 배치가 되어 있는 것을 알 수 있어."

"우아, 신기하다! 왼쪽과 오른쪽에 있는 사람의 수가 똑같네요."

잭슨 탐정은 놀라워하는 스팀에게 이렇게 대칭을 이루어 그림 양쪽의 균형이 맞으면 조화로워 보인다고 말해 주었어요.

"이렇게 대칭을 이루게 하는 방법에 따라 점대칭과 선대칭, 면대칭이라는 것이 있다는 것도 알아 두렴."

"네, 그나저나 이 그림 속에는 정말 많은 사람이 있는데 모두 몇 명이에요?"

"모두 54명이란다. 이 사람들 중 여기 두 사람을 보렴."

잭슨 탐정은 그림의 중앙에 서 있는 두 사람을 가리켰어요.

그리고 대칭의 중심이 되고 있는 이 두 사람이 고대 그리스의 철학을 대표하는 플라톤과 아리스토텔레스라고 말해 주었지요.

대칭에는 점대칭, 선대칭, 면대칭이라는 것이 있어요.(대칭의 종류)

이 그림 속에는 〈아테네 학당〉이라는 제목에 걸맞게 많은 학자들이 나와요.

플라톤 옆에서 사람들에게 열심히 이야기하는 사람이 소크라테스예요.

아리스토텔레스 아래쪽 계단에 앉아 책을 보고 있는 사람은 디오게네스, 플라톤 아래에서 글을 쓰고 있는 사람은 헤라클레이토스라고 덧붙였어요.

스팀은 〈아테네 학당〉을 유심히 들여다보았어요.

그동안 이 그림을 보면서 '참 조화롭구나.' 하고 감탄만 했지 그 이유가 뭔지는 몰랐는데, 오늘 새롭게 그 이유를 알게 되어 스팀은 매우 기뻤답니다.

라파엘로(이탈리아, 1483~1520년)

이탈리아의 화가이자 건축가인 라파엘로 산치오는 우리가 잘 알고 있는 레오나르도 다 빈치, 미켈란젤로와 함께 르네상스의 고전적 예술을 완성한 3대 천재 화가 중 한 명입니다.

라파엘로가 그린 〈아테네 학당〉은 로마 교황 율리우스 2세를 위하여 바티칸 궁전 4개의 벽면에 그린 〈성체의 논의〉, 〈아테네 학당〉, 〈파르나소스〉, 〈삼덕상〉 중 하나이지요.

수학 있다!
09

대칭에 대하여

대칭이란?

대칭은 점·선·면 또는 그것들의 모임이 한 점·직선·평면을 사이에 두고 같은 거리에 마주 놓여 있는 일을 가리킵니다. 그림을 그리거나 건축을 할 때 '대칭이 잘 맞다'는 것은 균형을 위하여 중심선의 상하 또는 좌우를 같게 배치하여 조화를 이룬 것을 말하지요.

대칭의 종류

점인 경우에는 점대칭, 직선인 경우에는 선대칭, 평면인 경우는 면대칭이라고 합니다. 예를 들면 아래 첫 번째 그림은 점 'ㅇ'을 중심으로 180° 돌렸을 때 완전히 겹쳐지는 점대칭 도형이고, 두 번째 그림은 직선 ㅅㅇ에 의해 완전히 겹쳐지는 선대칭 도형입니다.

이러한 대칭은 사람이나 동물의 몸의 좌우나 나뭇잎의 잎맥의 좌우 등 자연 세계에서도 쉽게 찾을 수 있습니다. 또한 수학의 수식에서 순서를 바꾸어도 같은 식이 될 경우 대칭인 식이라고 부르지요.

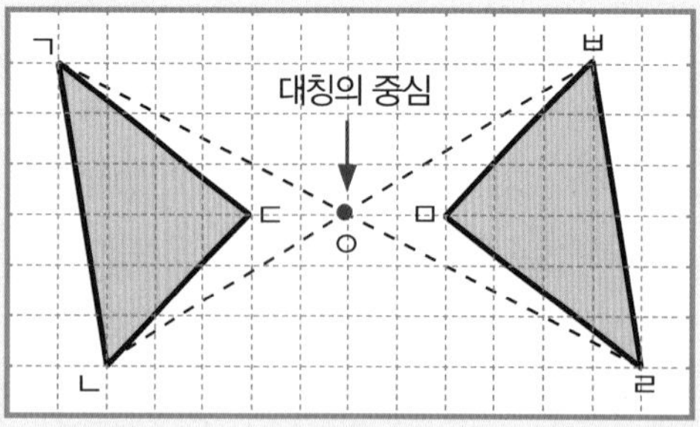

점대칭

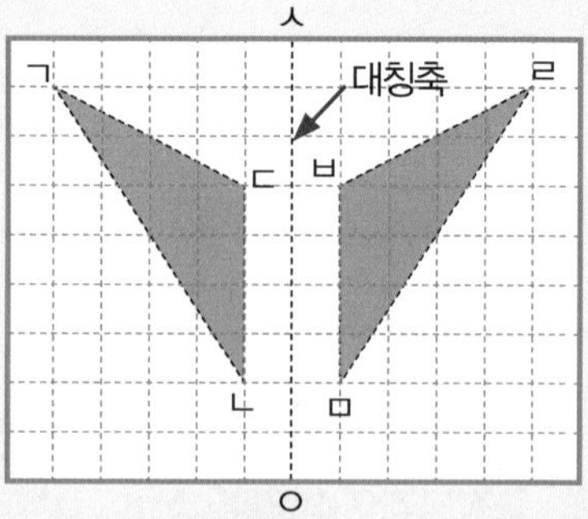

선대칭

[또 있다! 명화 속 수학]

프리다, 〈두 명의 프리다〉

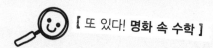

그림 속에는 두 명의 여자가 의자에 앉아 있습니다. 둥그렇고 짙은 눈썹의 두 여자 중 왼쪽에 있는 프리다의 심장은 오른쪽에 있는 또 다른 프리다에게 이어져 있습니다.

프리다, 〈두 명의 프리다〉, 1939년, 유화

프라다가 사랑하는 사람과 헤어져 슬픔에 빠져 있던 당시에 그린 그림으로 자신의 분신과도 같은 연인을 그리워하는 마음을 느낄 수 있어요. 특히 마주잡고 있는 손을 중심으로 왼쪽과 오른쪽이 대칭을 이루고 있지요.

[찾아보자! 생활 속 수학]

- 다음 숫자를 각각의 대칭 조건에 맞게 나타내어 보세요.

(1) 선대칭

4 ┆ □

(2) 점대칭

6 · □

답 : (1) 4 (2) 9

명화 안으로 10

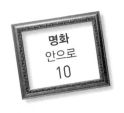

규칙을 알아야 그림이 재미있다고?

- 규칙 찾기 -

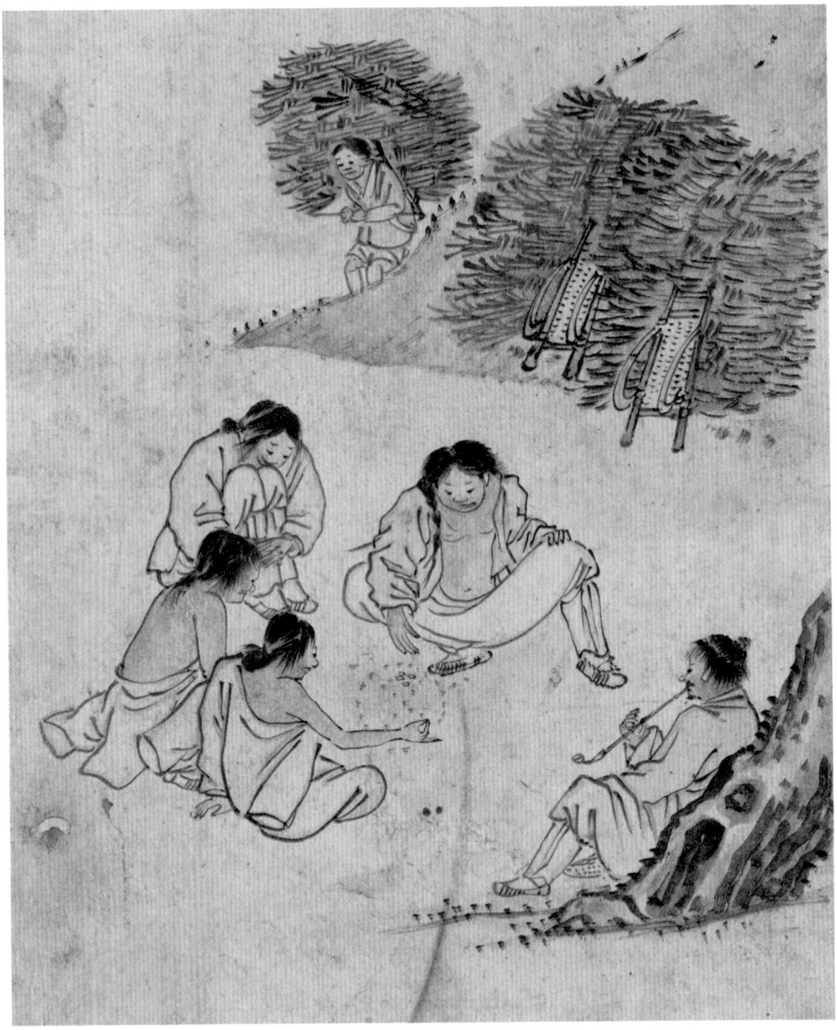

김홍도, 〈고누놀이〉, 18세기 후반, 수묵담채화

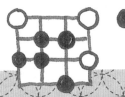

김홍도의 〈고누놀이〉와 규칙 찾기

“칫! 종이도 안 빌려 주고. 치사해!”

토요일 오후, 스팀은 툴툴거리면서 피용피용 컴퓨터 게임에 빠져 있어요.

그런 스팀에게 엄마가 말씀하셨지요.

“스팀, 게임 좀 그만 하렴. 누나는 게임도 안 하고 저렇게 그림 공부 중인데 너는 시끄럽게 그게 뭐니?”

스팀은 누나와 비교당하는 것이 살짝 기분이 나빴지만, 누나가 뭐하느라 조용한지도 궁금했어요.

“누나, 뭐해? 지루하지 않아?”

“지루하긴. 그림 속 게임 구경이 얼마나 재미있는데!”

“엥? 그게 무슨 말이야? 그림 속에 무슨 게임이 있어.”

스팀의 말에 누나는 자신이 보고 있던 그림의 한 부분을 가리켰어요.

그림 속에는 흥미진진한 표정의 아이들이 뭔가를 바라보고 있었고 그 아이들의 시선이 닿는 바닥에 뭔가 그려져 있었지요.

“누나, 이게 뭐야?”

“응, 말판을 그려 놓고 편을 나누어 말을 많이 따는 것을 겨루는 고누놀이란 거야.”

말판을 그려 놓고 편을 나누어 말을 많이 따는 것을
겨루는 고누놀이를 하고 있어요.(고누놀이의 정의)

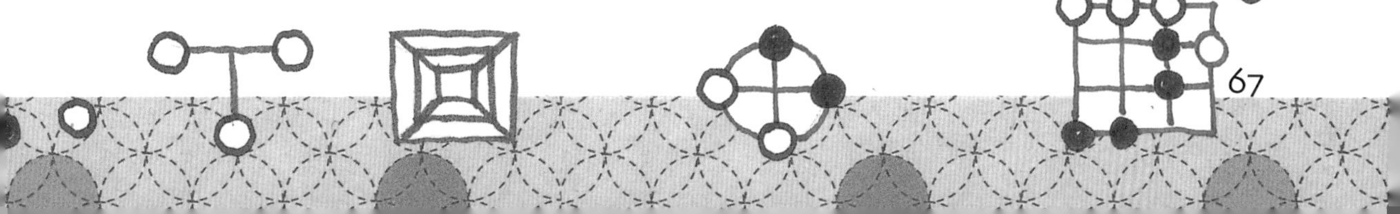

"뭐? 고무줄놀이? 고무줄이 어디 있어?"

"으이구!"

스팀의 말에 누나는 어이가 없다는 듯 입을 쩍 벌렸어요.

"스팀, 잘 봐! 이 아이들이 바닥에 그려 놓고 하고 있는 놀이가 바로 '고누놀이'야. 고무줄놀이가 아니라!"

그러고 보니 누나가 가리킨 그림 속 땅바닥에는 간단한 선이 그어져 있고 그 위에 작은 돌멩이들이 놓인 것이 보였지요.

"고누놀이? 그건 어떻게 하는 건데?"

"고누놀이는 땅바닥이나 널빤지에 여러 가지 모양의 판을 그린 다음, 돌이나 나뭇가지, 풀잎 등을 말로 삼아 승부를 결정짓는 놀이라고! 규칙에 따라 번갈아 나아가면서 상대의 말을 포위하거나 떼어 내어야 되는 놀이지."

"누나! 우리도 고누놀이 하면 어때?"

스팀의 제안에 누나는 고누놀이는 우물고누, 줄고누, 곤질고누, 호박고누 등 여러 종류가 있는데, 줄고누 중 네줄고누를 한번 해 보자고 했어요.

가로 네 줄, 세로 네 줄의 말판에 양편이 각각 말 네 개를 놓고 서로 한 칸씩 진행시키면 된다고 가르쳐 주었지요.

"아! 말을 한 개씩 한 칸씩 움직이면 되는구나!"

누나는 고누놀이는 우물고누, 줄고누, 곤질고누, 호박고누 등
여러 종류가 있다고 했어요.(고누놀이의 종류)

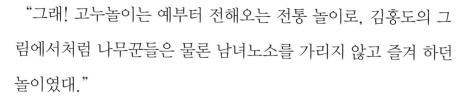

“맞아. (가)처럼 놓아서 시작하고 (나)처럼 놓이면 흑ㄱ이 백ㄷ을 잡을 수 있지.”

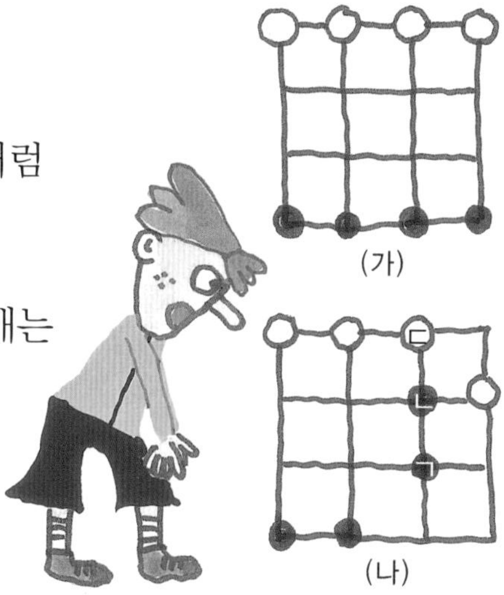

“아, 이렇게 해서 상대편 말을 많이 없애는 편이 이기는 거구나.”

누나의 설명을 듣는 스팀의 눈이 초롱초롱 빛났어요.

“그래! 고누놀이는 예부터 전해오는 전통 놀이로, 김홍도의 그림에서처럼 나무꾼들은 물론 남녀노소를 가리지 않고 즐겨 하던 놀이였대.”

“우아, 재미있겠다. 누나 어서 해 보자. 응!”

그림만 들여다보는 누나가 재미없어 보였던 스팀은 생각을 바꾸었어요.

그림 속에는 생각보다 너무 재미있는 이야깃거리와 생각할 거리가 많이 담겨 있기 때문이었지요.

김홍도(조선 후기, 1745~1806년)

조선 영조 임금 때에 태어난 김홍도는 7~8세 때부터 안산에 있는 강세황의 집을 드나들며 그림을 배웠어요. 강세황의 추천으로 도화서의 화원이 되고 궁중 화원으로 이름을 날렸지요.

김홍도의 호는 단원으로, 풍속화를 잘 그린 화가로 알려져 있어요. 서민들의 삶의 모습을 주로 그림에 담아 씨름하는 모습, 윷놀이하는 모습, 고기잡이하는 모습, 길쌈하는 모습 등을 남겼답니다.

수학 있다!
10

규칙 찾기에 대하여

고누놀이의 유래

고누놀이는 땅바닥에 말판을 그리고, 돌멩이 등을 말로 써서 서로 상대편 말을 따면 이기는 규칙을 가진 놀이예요. 바둑이나 장기와 비슷하지만 놀이 방법과 그 준비 과정은 간단합니다. 돌멩이 몇 개만 있으면 되기 때문에 언제 어디서나 할 수 있었지요.

고누놀이의 종류와 규칙

고누놀이는 말판의 생김새에 따라 그 종류가 나뉩니다. 지역마다 부르는 이름은 다양하지만 대표적인 것으로 우물고누, 줄고누, 곤질고누 등이 있어요. 이 중 우물고누는 김홍도의 〈고누놀이〉에 나온 것과 같은 둥근 모양으로 말판에 우물이라는 장애물을 정하는 것이 특징이지요. 다음으로 줄고누는 네줄고누가 대표적인데, 말을 직선으로 놓고 한 칸씩 움직입니다. 그리고 곤질고누는 아래 그림과 같은 말판에 양편이 번갈아 가며 말을 하나씩 교차점에 놓는 것으로 일직선상에 세 개의 말을 가지런히 놓으면 '곤'이 되었다고 하며 상대편 말 하나를 아무것이나 떼어낼 수 있지요.

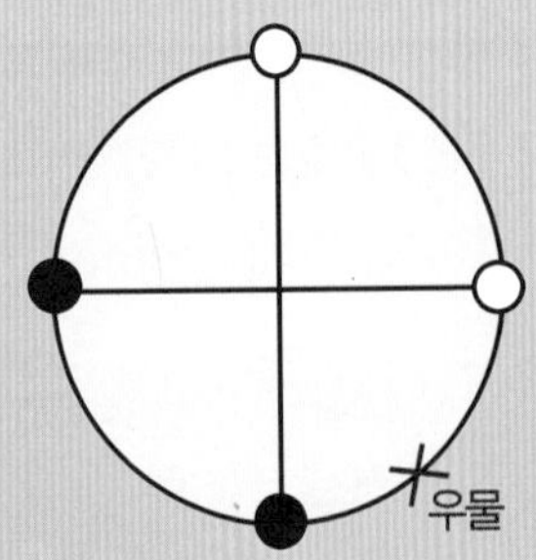

우물고누

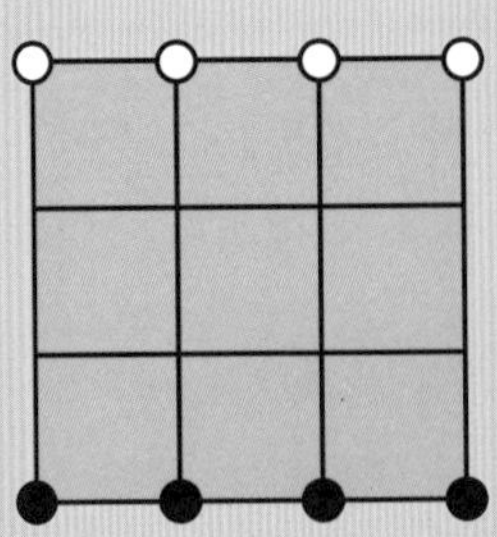

줄고누

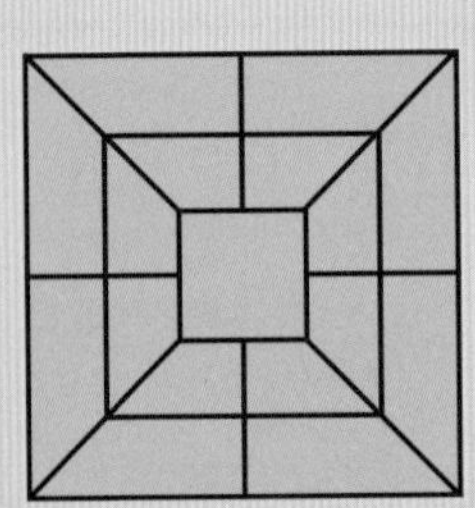

곤질고누

[또 있다! 명화 속 수학]

김득신, 〈소나무 아래서 장기 두는 스님들〉

김득신, 〈소나무 아래서 장기 두는 스님들〉,
제작 연도 미상, 수묵담채화

규칙을 알아야 재미있는 그림은 김홍도의 〈고누놀이〉 외에도 많이 있습니다. 이 그림처럼 말이지요. 그림 속 스님들은 장기를 두고 있습니다. 장기는 전쟁을 본떠서 만든 놀이로, 장기에는 각각 왕, 병사, 말과 포가 있습니다. 상대편 왕을 먼저 포위하는 쪽이 이기는 것이 장기의 규칙이지요. 또한 장기의 말은 각각 움직일 수 있는 규칙이 다르답니다. 왕(王)은 상하좌우로 한 칸씩만 움직일 수 있고, 차(車)는 칸 수의 제한은 없지만 직선으로만 움직이는 것처럼 말이에요.

[찾아보자! 생활 속 수학]

- 다음은 고누놀이의 한 장면입니다. 흑과 백 중 누가 이기고 있는지 ×표 하고, 그 이유를 써 보세요.

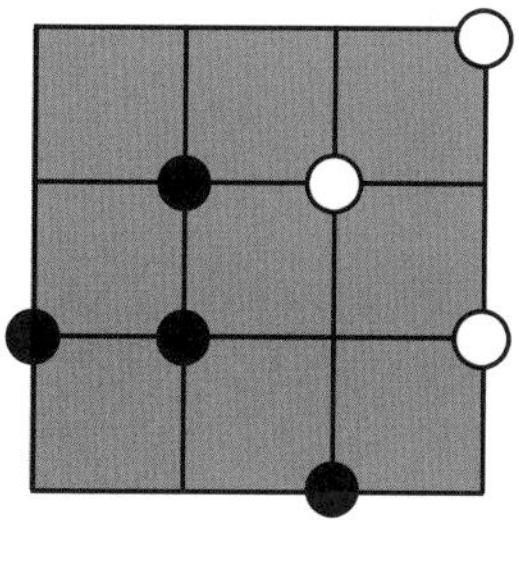

(1) ● (　　　)　　○ (　　　)

(2) 이유 :

답 : (1)● (2)말의 개수가 흑이 더 많기 때문에

명화
안으로
11

길이를 잘 재어야 그림을 잘 그린다고?

- 길이 재기 -

고흐, 〈노란 집〉, 1888년, 유화

고흐의 〈노란 집〉과 길이 재기

오늘 스팀은 잭슨 탐정과 공원에 나와 그림을 그리기로 약속했어요.

스팀은 대충 그리고 풀밭에서 뛰어 놀고 싶었어요.

그래서 공원에서 보이는 집과 나무만 '슥슥' 그리고 말았지요.

이것을 본 잭슨 탐정이 눈썹을 찡그렸어요.

마음에 들지 않았는지 작게 한숨까지 내쉬었답니다.

"아이 참, 차라리 말로 하세요. 제 그림이 뭐가 그렇게 이상해요? 나무도 길쭉길쭉 잘 그렸는데 왜 그러세요?"

스팀은 오히려 화를 버럭 냈어요.

그러자 잭슨 탐정은 스팀에게 그림을 하나 보여 주었어요.

집과 나무를 그린 것은 스팀과 같은데 뭔가 달랐어요.

그림 속에는 마법의 공간이 펼쳐진 것 같았지요.

집과 나무와 사람들의 모습이 실감 나게 보였기 때문이에요.

"어때? 실감 나지?"

"네! 살아서 움직이는 것 같아요!"

"후후, 왜 이 그림이 실감 나는지는 네가 그림 속 사물의 길이를 재어 보면 알 수 있을 거야."

잭슨 탐정은 그림 속 사물의 길이를 재어 보라고 했어요.(길이 재기의 정의)

'길이를 재어 보면 그림이 실감 나는 이유를 알 수 있을 거라니?'

스팀은 귀가 솔깃했어요.

하지만 주변에 자가 있을 리 없지요.

"자가 없는데 어떻게 길이를 재죠?"

어쩔 줄 몰라 하는 스팀에게 잭슨 탐정은 엄지손가락을 쑥 들어 보였어요.

"이걸로 재면 되지."

그러고는 엄지손가락으로 그림 속 길이를 재기 시작했어요.

"이걸 보렴. 그림 중앙에 있는 집의 높이는 엄지손가락 길이로 12개인데, 뒤쪽에 있는 기차의 길이는 6개밖에 되지 않잖니?"

"우아, 그래요. 실제로는 기차가 훨씬 더 길 텐데 말이에요. 왜 이렇게 그린 거죠?"

"후후, 그건 원근감 때문이란다. 원근감은 거리에 대한 멀고 가까운 느낌을 말한다는 것 알지? 쉽게 말하면 그림을 그릴 때 먼 것은 작게, 가까운 것은 크게 그리는 거야."

잭슨 탐정의 얘기에 스팀은 그림을 자세히 들여다보았어요.

정말 멀리 있는 다리 위로 지나가는 기차는 작게 그려져 있고, 가까이 있는 집은 크게 그려져 있는 것을 알 수 있었지요.

잭슨 탐정은 먼 것은 작게, 가까운 것은
크게 그리는 것이라고 말해 주었어요.(길이 재기와 원근법)

"이 그림은 고흐의 〈노란 집〉이란다. 고흐가 살고 있던 방이 있던 건물을 그린 것이지. 그림은 파란색 하늘 아래 노란색 땅과 집이 강한 대조를 이루고 있어. 현실에서는 보기 힘든 풍경이지만, 원근법 때문에 매우 사실적으로 보이기도 하지."

잭슨 탐정은 원근법을 알기 위해 그림 속 길이를 재려면 굳이 자가 아니라 뼘이나 손가락의 길이, 손바닥의 너비 등으로도 잴 수 있다고 가르쳐 주었어요.

"휴우~."

"왜?"

"길이를 잘 재어야 그림도 실감 나게 그릴 수 있다니까 수학 공부를 안 할 수가 없어서요."

잭슨 탐정은 껄껄 웃었어요.

고흐(네덜란드, 1853~1890년)

네덜란드의 작은 마을에서 태어난 빈센트 반 고흐는 가난으로 15세 때 학교를 그만두게 되었어요. 판화를 복제하여 판매하는 일을 하다 전도사가 될 꿈을 꾸기도 하였지요.

뒤늦게 화가의 길에 들어선 고흐는 동생 테오의 도움을 받아 그림을 그리기 시작했어요. 〈해바라기〉, 〈별이 빛나는 밤〉과 같은 걸작을 그렸지만 생전에는 끝내 인정을 받지 못했답니다.

수학 있다!
11

길이 재기에 대하여

길이 재기란?

길이란 어떤 물건의 한 끝에서 다른 끝까지의 거리를 말합니다. 자로 길이를 잴 경우에는 한쪽 끝을 자의 눈금 '0'에 잘 맞추어야 하지요. 길이의 단위는 cm, mm, m, km 등이 있는데, 1cm는 1mm의 10배, 1m는 1cm의 100배, 1km는 1m의 1000배예요.

길이 재기와 원근법

미술에서 주로 쓰이는 원근법은 원래 도형이나 공간의 성질과 관련된 수학에서 비롯되었어요. 실제 상하 좌우 앞뒤를 가지는 입체의 모습을 종이와 같은 평면에 사실적으로 나타내려다 보니 실제의 길이대로가 아닌, 멀고 가까움에 따른 길이로 나타낸 것이지요.

투시하여 물체의 연장선을 그었을 때, 선과 선이 만나는 점을 '소실점'이라고 하는데, 소실점이 1개 있으면 '1점 투시', 2개면 '2점 투시', 3개면 '3점 투시'라고 합니다.

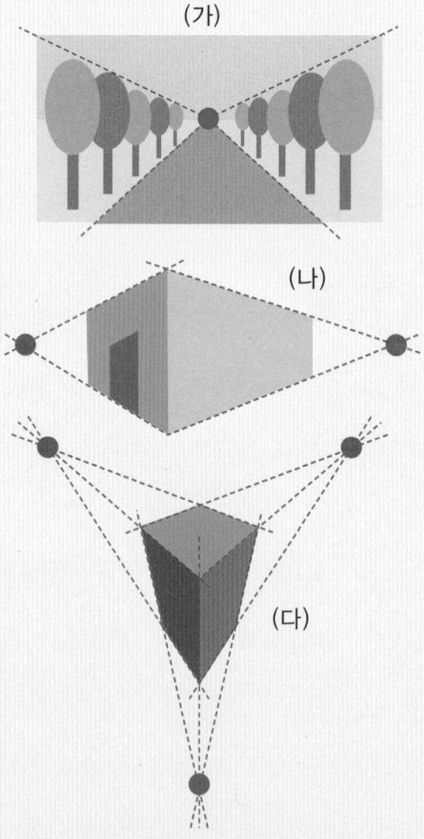

(가) 1점 투시 (나) 2점 투시 (다) 3점 투시

【 또 있다! **명화 속 수학** 】

다 빈치, 〈최후의 만찬〉

다 빈치, 〈최후의 만찬〉, 1495년~1497년, 프레스코화

레오나르도 다 빈치가 그린 〈최후의 만찬〉은 예수 그리스도가 십자가에서 죽기 전날, 열두 제자와 함께 만찬을 나눈 내용을 표현한 작품입니다. 3개의 창문은 기독교의 삼위일체, 네 복음서 등을 상징하는 것으로 이해되기도 하지요. 뿐만 아니라 이 그림은 수학적 원근법의 기본으로 평가 받고 있습니다. 이 그림의 소실점은 바로 예수의 머리로, 그림이 그려진 벽면은 마치 실제 벽면이 이어지는 것 같은 착각을 불러일으키지요.

【 찾아보자! **생활 속 수학** 】

● 다음 그림에 알맞은 투시법은 어느 것인가요?

① 1점 투시

② 2점 투시

③ 3점 투시

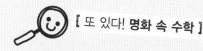

답 : ②

명화
안으로
12

비율도 비율 나름이라고?

-비율-

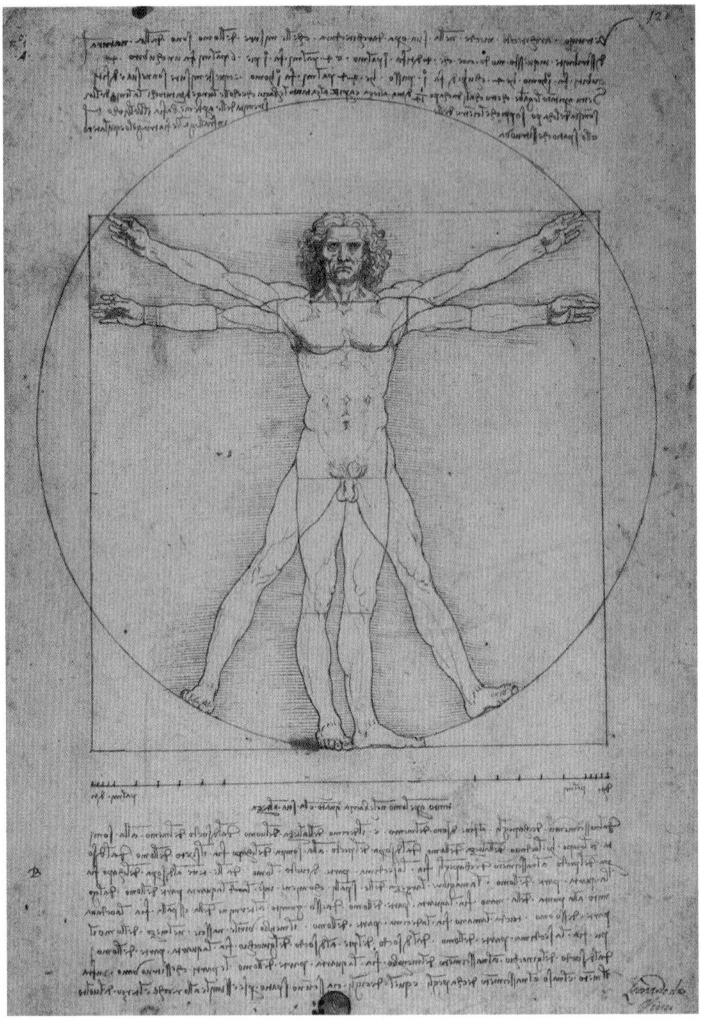

다 빈치, 〈**비트루비안 맨**〉, 1487년경, 펜화

다 빈치의 〈비트루비안 맨〉과 비율

스팀은 거울을 보며 흐뭇한 미소를 지었어요.

"음, 내가 이목구비가 뚜렷한 편은 아니지만 전체적으로 봤을 때 비율은 꽤 괜찮은 편이야. 헤헤."

그때 좋은 분위기를 깨는 목소리가 들려왔지요.

"풋! 뭐? 네 비율이 괜찮다고? 너 비율이 뭔지는 아니?"

"그, 그럼! 비율이, 뭐 비율이지 뭐!"

"훗! 비율은 기준량에 대한 비교하는 양의 크기를 말해. 그것도 모르면서 아는 척은!"

누나의 얘기에 스팀은 자존심이 확 상했어요.

"뭐? 비율의 뜻이 뭔지 정확히 몰랐지만 아무튼 내 비율은 좋다고!"

"오, 그래? 하지만 네가 황금비를 알게 되면 부끄러워서 그런 말 못할 거야. 그리고 비율이라면 이 정도는 되어야 한다고! 네 눈으로 직접 봐 봐."

그러면서 거실 벽에 걸린 그림을 가리켰어요.

그림은 스팀도 잘 알고 있는 레오나르도 다 빈치의 그림이었어요.

원 안에 사람이 양팔을 벌리고 있는 그림이었지요.

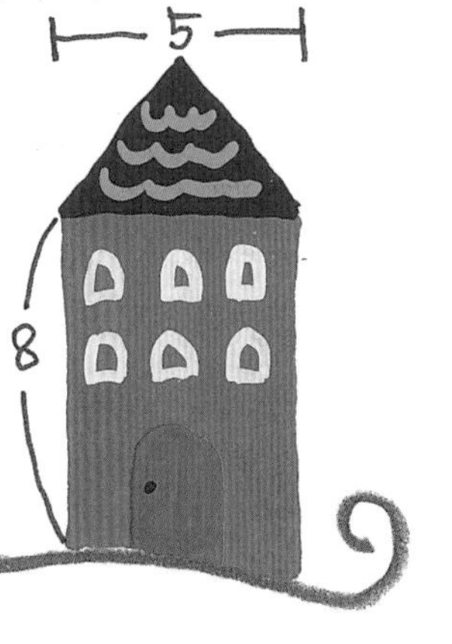

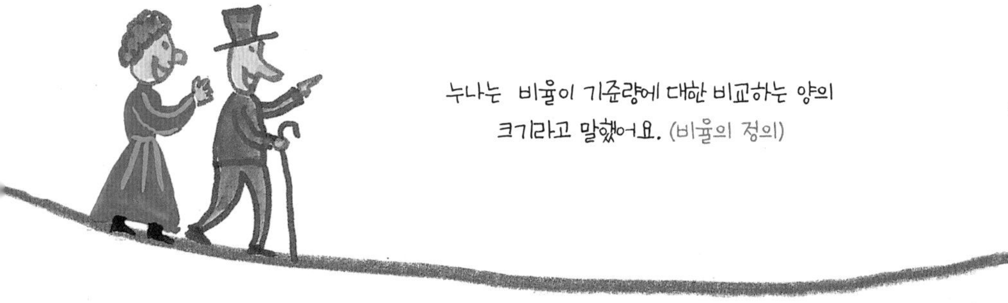

누나는 비율이 기준량에 대한 비교하는 양의 크기라고 말했어요. (비율의 정의)

"누나는 지금 내가 저 그림 속 벌거벗은 아저씨보다 못하다는 거야, 뭐야?"

흥분해서 얘기하는 스팀을 아래위로 슥 훑어 본 누나는 차분히 말을 꺼냈어요.

"우선 이 그림은 그냥 벌거벗은 아저씨를 그리려고 그린 게 아니야. 이 그림의 제목은 〈비트루비안 맨〉이라고 레오나르도 다 빈치가 그린 그림이지."

"나도 다 빈치가 그린 것 정도는 알아. 그런데?"

"이 그림은 로마의 건축가였던 마르쿠스 미트루비우스 폴리오가 쓴 책을 보고 감동을 받은 다 빈치가 그린 그림이야. 다 빈치는 인체의 중심은 배꼽이라고 생각했어. 그래서 다 빈치는 컴퍼스 중심을 배꼽에 맞춰서 그린 원에 두 팔의 손가락 끝과 두 발의 발가락 끝이 닿는다는 것을 알았지."

누나는 다 빈치의 그림에 따르면 머리끝에서 바닥까지 길이를 배꼽에서 바닥까지 잰 길이로 나눈 값과 어깨에서 손가락 끝까지 잰 길이를 팔꿈치에서 손가락 끝까지 잰 길이로 나눈 것의 값이 같다고 말해 주었어요.

스팀은 그 말이 알쏭달쏭하여서 점점 더 머릿속이 복잡하기만 했어요.

황금비는 1:1.618로 가장 조화롭고
완벽한 비율이에요.(황금비의 정의)

그런 스팀을 위해 누나는 인체의 부위를 비율로 따져서 숫자로 나타내면 1:1.618이라고 말해 주었지요.

그리고 이 값을 '황금비'라 부른다고 덧붙였답니다.

"아, 그러니까 누나 말은 그림 속 이 아저씨의 비율이 황금비라는 거지?"

"그래, 그러니까 네가 상대가 될 수가 없다고! 이 그림 속 아저씨는 비율 중에서도 가장 조화롭고 완벽한 황금비를 가졌거든."

"쳇! 그래 봤자 이 아저씨는 머리 스타일이 너무 이상해. 따라서 내가 더 멋지다고!"

"뭐? 하여간 말을 말아야지."

누나는 어이가 없는지 자리를 피했어요.

다 빈치(이탈리아, 1452~1519년)

이탈리아 피렌체 근교에서 태어난 레오나르도 다 빈치는 어릴 때부터 수학을 비롯한 여러 학문을 배웠어요. 언제 어디서나 주위의 모든 것을 관찰했던 다 빈치는 700장이 넘는 인체 해부도를 그리기도 했지요.

예술이란 현실의 법칙을 가장 정확하게 재현하는 것이라 생각했던 다 빈치는 실제로 인체를 정확한 비율로 계산하고, 해 볼 수 있는 실험들을 반복해서 기록했답니다.

수학 있다!
12

비율에 대하여

비율이란?

비율이란 기준량에 대한 비교하는 양의 크기를 말합니다. 예를 들어 소금과 물의 양이 '1:4'라고 할 경우, 앞에 오는 수 '1'이 비교하는 양이고, 뒤에 오는 수 '4'가 기준량이 되지요. 이것을 읽을 때에는 '1대 4' 또는 '1과 4의 비', '1의 4에 대한 비', '4에 대한 1의 비'로 읽을 수 있답니다.

황금비의 정의

황금비는 한 선분을 둘로 나눌 때, 작은 부분에 대한 큰 부분의 비와 큰부분에 대한 전체의 비가 같게 한 비를 말해요. 약 1:1.618이지요. 황금비라는 이름은 고대 그리스 시대부터 가장 안정적이고 아름다운 느낌을 주는 비율로 미적 감각이 뛰어난 데서 붙여진 이름입니다. 가장 이상적인 비율을 의미하는 황금비는 조화, 화합 등의 의미로도 사용되기도 해요.

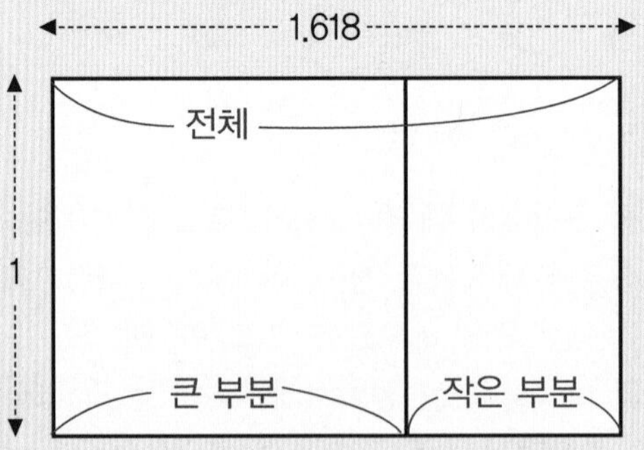

전체 : 큰 부분 = 큰 부분 : 작은 부분 = 1 : 1.618

[또 있다! 명화 속 수학]

보티첼리, 〈비너스의 탄생〉

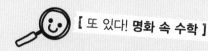

보티첼리가 그린 이 그림은 그리스 신화에 나온 미의 여신 비너스의 탄생을 묘사한 것입니다. 비너스가 아름답게 느껴지는 것은 엄격한 황금비에 맞추어 그렸기 때문이에요. 우선 그림의 세로 길이와 가로 길이도 1:1.618로 황금비를 이루고, 조개를 타고 우아하게 서 있는 비너스의 모습도 마찬가지입니다. 황금비는 간단히 5:8 또는 8:13으로 사용되기도 하는데, 보티첼리의 비너스는 5:8의 비를 사용하였지요.

보티첼리, 〈비너스의 탄생〉, 1485년, 템페라화

[찾아보자! 생활 속 수학]

● 다음은 황금비와 관련된 여러 명언들입니다. 나는 황금비를 어떻게 생각하는지 표현해 보세요.

플라톤 "이 세상 삼라만상을 지배하는 힘의 비밀을 푸는 열쇠"
단테 "신이 만든 예술품"
피타고라스 "우주의 비밀을 푸는 열쇠"

답 : 예 황금처럼 변하지 않는 절대적 아름다움

명화
안으로
13

확률을 알아야 그림이 보인다고?

- 확률 -

라 투르, 〈**클로버 에이스를 지닌 사기꾼**〉, 1620년경, 유화

라 투르의 〈클로버 에이스를 지닌 사기꾼〉과 확률

“에이, 또 졌잖아!”

스팀은 잔뜩 화가 났어요.

오랜만에 누나와 카드놀이를 시작했는데, 백전백패하고 있는 중이었거든요.

그래서 스팀은 입이 바싹 마르는데, 이상하게도 누나는 스팀이 가지고 있는 카드를 알고 있는 것처럼 여유 있게 카드놀이를 즐기고 있었지요.

“에이, 나 안 해!”

카드놀이에 지고 풀이 죽은 스팀은 잭슨 탐정의 사무실을 찾았어요.

박학다식한 잭슨 탐정이라면 카드놀이 잘하는 법을 알 것 같았기 때문이지요.

그래서 다짜고짜 잭슨 탐정에게 카드를 내밀었어요.

“잭슨 아저씨, 카드놀이 잘하는 법을 가르쳐 주세요.”

스팀의 이야기를 들은 잭슨 탐정은 카드 대신 그림을 한 장 보여 주었어요.

“에이, 카드놀이 가르쳐 달라고 했더니 웬 그림이에요.”

“후후, 카드놀이 잘하려면 이 그림부터 봐야 할걸.”

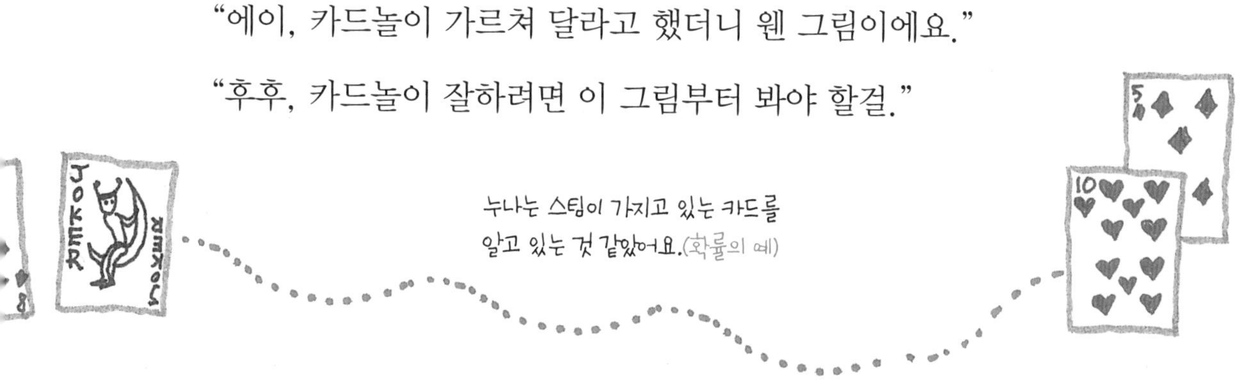
누나는 스팀이 가지고 있는 카드를
알고 있는 것 같았어요.(확률의 예)

잭슨 탐정이 보여 준 그림에는 세 명의 사람이 테이블에 둘러앉아 카드를 들고 있고, 그런 세 사람의 시중을 드는 한 사람이 있었지요.

"이 그림은 라 투르의 작품으로 카드놀이를 하고 있는 모습이야. 스팀 네가 볼 때는 누가 이길 것 같니?"

"음, 글쎄요. 가운데 앉은 아주머니와 왼쪽에 앉은 아저씨가 짜고 속임수를 쓰는 것 같은데요? 만약 그렇다면 오른쪽에 앉은 사람은 이기려고 해도 이길 수가 없겠어요."

"맞아. 그래서 그림의 제목이 〈클로버 에이스를 지닌 사기꾼〉이지."

스팀은 그제야 왼쪽에 앉은 남자가 등에 숨기고 있는 카드가 눈에 들어왔어요.

왼쪽에 앉은 남자는 다른 곳을 보는 척하며 왼손으로 등에 숨긴 클로버 에이스를 꺼내고 있었지요.

"설마 저에게 카드놀이에 이기기 위한 속임수를 가르쳐 주실 건 아니죠?"

"하하, 물론 그건 아니야. 내가 말하고 싶은 건 바로 '확률'이란다."

'확률'이란 말에 스팀은 눈을 반짝였어요.

왠지 누나를 카드놀이에서 이길 수 있는 좋은 수가 떠오를 것

확률은 하나의 사건이 일어날 수 있는 가능성을
수로 나타낸 것을 말해요.(확률의 정의)

같았지요.

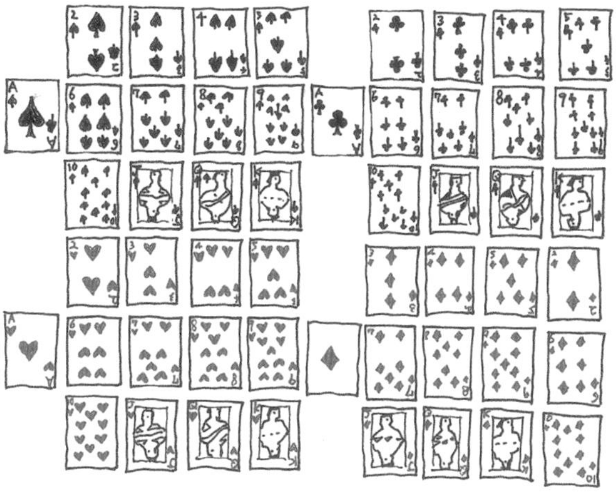

"그런데 확률이 뭐예요?"

잭슨 탐정은 확률은 하나의 사건이 일어날 수 있는 가능성을 수로 나타낸 것을 말한다고 가르쳐 주었어요.

"원래 트럼프 카드에 등장하는 카드 무늬는 모두 네 종류지. 무늬마다 13장의 카드가 있고. 그럼 카드는 모두 몇 장이지?"

"음, 4 곱하기 13이니까 52! 52장이네요."

"그래, 그러니까 전체 트럼프 카드에서 네가 원하는 1장의 카드를 뽑을 확률은 $\frac{1}{52}$밖에 안 되는 거야."

"예? 확률이 그것밖에 안돼요? 에이, 그런 줄도 모르고……. 괜히 카드놀이 하면서 열 냈어요."

라 투르(프랑스, 1593~1652년)

17세기 프랑스의 화가였던 조르주 드 라 투르는 제빵사의 아들로 태어났어요. 그후 라 투르는 루이 13세의 궁정 화가가 되었고, 여러 작품을 남겼지요.

특히 그는 거짓과 속임이 난무한 세상의 일면을 꿰뚫는 듯한 풍속화와 경건한 신앙과 고요한 명상으로 이끄는 종교화를 주로 그려서 큰 인기를 얻었답니다. 주요 작품으로는 〈클로버 에이스를 지닌 사기꾼〉, 〈점쟁이〉, 〈목수 성 요셉〉 등이 있어요.

수학 있다!
13

확률에 대하여

확률이란?

확률은 모든 경우의 수에 대한 어떤 사건이 일어날 경우의 수의 비율을 말합니다. 따라서 확률을 구하려면 $\frac{\text{어떤 사건이 일어날 경우의 수}}{\text{모든 경우의 수}}$ 를 하면 되지요. 확률에서 '1'이란 경우가 항상 일어남을 뜻하고, '0'은 절대로 일어나지 않음을 뜻합니다.

확률의 예

$$\frac{1}{2} \times \frac{1}{2} \times \frac{1}{2} = \frac{1}{8}$$

동전을 던져서 앞면과 뒷면이 나올 가능성이 동일하다고 가정할 때, 동전 1개를 3번 던졌을 때 숫자가 있는 뒷면이 나올 확률을 구해 볼까요? 동전의 면이 2개이니까 뒷면이 나올 확률은 $\frac{1}{2}$입니다. 그런데 동전을 3번 던지니까 $\frac{1}{2}$를 3번 곱하면 되지요.

확률은 가위바위보를 할 때에도 찾아볼 수 있고, 제비뽑기할 때에도, 주사위를 굴릴 때에도, 윷놀이를 할 때에도 찾아볼 수 있어요. 이러한 확률의 예는 우리 주변에서 많이 찾아볼 수 있어요. 일기예보에서 비 올 확률이나 야구 선수의 타율도 모두 확률이랍니다.

【 또 있다! **명화 속 수학** 】

세잔, 〈카드놀이 하는 사람들〉

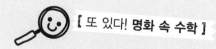

세잔의 작품 속 두 명의 남자는 아주 진지하게 카드놀이를 하고 있어요. 서로 마주보고 앉아 카드를 손에 들고 있지요. 진지한 이들의 분위기를 반영하는 듯 배경은 간소하고 색깔도 차분합니다. 라 투르의 그림과는 사뭇 다른 느낌이지요.

세잔, 〈카드놀이 하는 사람들〉, 1890~1895년, 유화

이처럼 카드놀이는 많은 화가들에 의해 그려졌는데, 특히 세잔은 한때 '카드놀이'라는 주제에 크게 매력을 느껴서 여러 작품을 남겼지요.

【 찾아보자! **생활 속 수학** 】

- 친구와 둘이서 가위바위보를 할 때 낼 수 있는 모든 경우의 수를 몇 가지인지 쓰고, 내가 이길 확률이 얼마나 되는지 분수로 써 보세요.

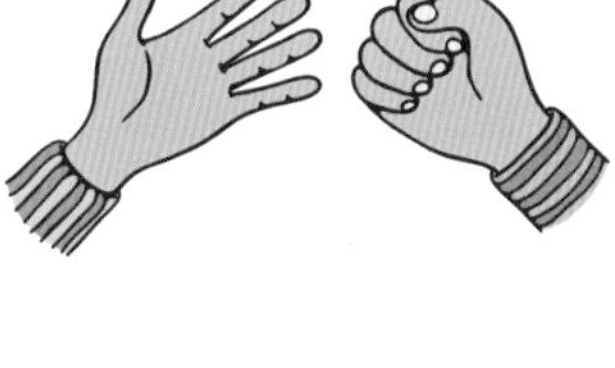

(1)모든 경우의 수

________________ 가지

(2)내가 이길 확률

답 : (1) 9 (2) $\frac{1}{3}$

인체, 이렇게 아름다웠나?

- 인체 -

드가, 〈**무대 위의 발레리나들**〉, 19세기경, 유화

드가의 〈무대 위의 발레리나들〉과 인체

스팀은 아직도 꿈을 꾸는 것 같았어요.

잭슨 탐정이 발레 공연을 같이 보자고 했을 때에는 시큰둥했는데 막상 공연을 보니 생각이 '확' 바뀌었어요.

화려한 조명 속에서 우아하면서 다양한 몸짓으로 무대를 채우는 발레리나들의 모습에 가슴이 뛰었지요.

"스팀, 그렇게 감동 받은 거야? 오, 제법인데! 발레의 아름다움을 느끼게 되다니."

멍하니 정신 없는 스팀의 어깨를 두드리며 잭슨 탐정이 말을 걸었어요.

"네, 어쩌면 사람의 몸이 저렇게 아름답고 우아하게 움직일 수 있는지 모르겠어요. 음악에 맞춰 팔과 다리를 움직이는 모습도 정말 멋졌고요."

"후후, 하긴 드가도 발레와 발레리나의 아름다움에 반해서 수많은 작품을 남길 정도였으니……."

"드가요? 화가예요?"

"그래, 발레를 하는 모습을 화폭에 많이 담은 화가지. 드가가 그린 그림을 보여 줄까?"

잭슨 탐정은 드가의 그림을 내놓았어요.

하늘하늘한 무용수 복장을 한 아름다운 발레리나들이 그림 속을 가득 채우고 있었지요.

"우아, 발레리나들이 지금이라도 튀어나올 것 같아요. 어쩜 이렇게 발레리나들의 움직임을 자연스럽게 잘 그렸죠?"

"후후, 그럴 수밖에 없지. 드가가 발레리나를 아주 많이 그렸거든. 데생, 유화, 파스텔화를 모두 합하면 1천5백 점이 넘게 발레리나를 그렸으니까 말이야."

"네? 그렇게나 많이요?"

스팀은 이어서 다음 사실도 알게 되었어요.

드가는 발레를 우리 인류에게 남겨진 그리스 문화와 연계된 움직임이라고 생각했어요.

특히 그 속에 담긴 인체의 힘과 균형감 그리고 평형감을 중요하게 여겼어요.

그래서 드가는 발레리나의 다양한 자세를 관찰하여 여러 점의 그림에 담았답니다.

드가는 움직이는 사람들의 순간적인 동작을 잘 포착했어요.

하품을 하는 모습, 욕조를 닦는 모습 등도 그림 속에 그대로 그렸어요.

드가의 그림에선 몸을 구성하고 있는 뼈와 근육의 움직임을
한눈에 느낄 수 있어요.(인체의 특징)

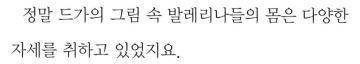

“드가의 그림을 보면 인체가 얼마나 다양한 자세를 취할 수 있는지 알 수 있단다.”

잭슨 탐정의 말에 스팀은 고개를 끄덕였어요.

정말 드가의 그림 속 발레리나들의 몸은 다양한 자세를 취하고 있었지요.

잭슨 탐정이 보여 준 〈무대 위의 발레리나들〉 속 5명의 발레리나들도 같은 자세를 취하고 있는 사람이 하나도 없었지요.

의자에 앉아 있는 사람, 의자에 기대어 일어나는 사람, 한 손을 들고 걸어가는 사람 등 말이에요.

스팀은 발레리나들을 보면서 우리 몸을 구성하고 있는 뼈와 근육의 움직임까지 한눈에 보는 듯했답니다.

드가(프랑스, 1834~1917년)

에드가 드가는 프랑스 파리에서 은행가의 아들로 태어났어요. 하지만 부모님의 뜻과는 다르게 미술에 재능을 보이며 그림을 배우기 시작했지요. 훌륭한 그림 그리기의 기본은 데생이라 믿은 드가는 꾸준히 데생 연습을 하였답니다.

또한 화려한 색상과 세밀한 세부 묘사로 현대 생활의 일상적인 순간을 포착하였지요. 드가는 자신이 원하는 효과를 얻기 위해 새로운 기법을 연구하고 꾸준히 실험하기도 했어요.

과학 있다!
14

인체에 대하여

인체의 구조

인체란 세포와 세포의 물질, 조직, 기관, 기관계로 조직된 인간의 신체적 구조를 일컫는 말이에요. 조직은 근육을 이루는 근육 조직, 신경을 이루는 신경 조직과 상피 조직, 결합 조직이 있고, 기관이 모인 기관계는 피부계, 골격계, 근육계, 소화기계, 신경계 등이 있답니다.

인체의 특징

인체는 뼈와 근육이 있어 모양을 유지하고 움직일 수 있어요. 성인의 경우 206개 정도 있는 뼈가 우리 몸을 지탱하고 몸속의 여러 기관을 보호하는 역할을 하지요.

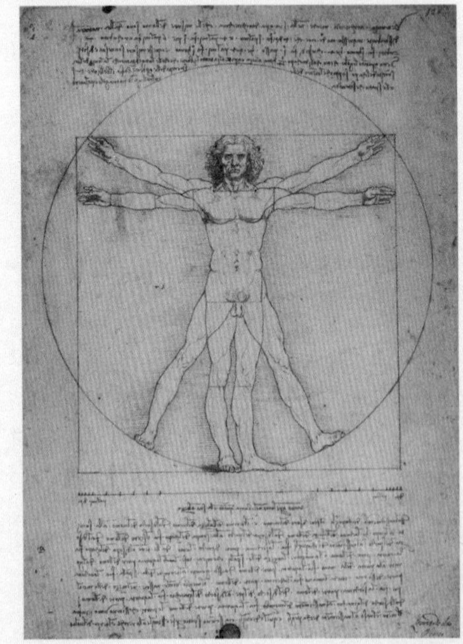

뼈와 뼈가 서로 맞닿아 연결되는 부위를 관절이라고 해요. 그런데 이러한 뼈를 움직이는 것이 바로 근육이에요. 예를 들어 팔뼈를 움직이려고 하면 팔뼈에 붙어 있는 안쪽 근육이 오므라들고 바깥쪽 근육이 펴져야 팔을 굽힐 수 있답니다.

[또 있다! 명화 속 과학]

로댕, 〈청동 시대〉

로댕, 〈청동 시대〉, 1877년 경, 청동 조각

프랑스의 조각가 로댕은 금방이라도 살아서 움직일 것 같은 자연스러운 인물상을 만들고자 했어요. 이런 노력 끝에 만들어진 〈패배자〉라는 조각품은 지나친 사실성 때문에 논란에 휩싸였지요. 너무나 사실적이라 살아 있는 사람의 몸에 석고를 입혀 만들었을지도 모른다는 말이 퍼질 정도였답니다. 그래서 로댕은 이런 오해를 풀기 위해 모델의 사진과 실제로 모델에게 석고를 입혀 본을 뜬 석고상까지 공개했지만 쉽사리 오해를 풀리지 않았지요. 결국 이 조각은 〈청동 시대〉로 이름이 바뀌게 되었어요.

[찾아보자! 생활 속 과학]

● 다음은 인체에 있는 '뼈'에 대한 내용입니다. 사람의 몸을 구성하는 뼈가 아닌 것에 ×표를 해 보세요.

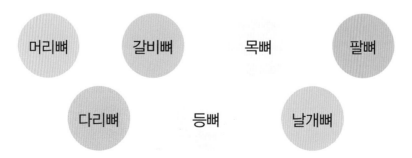

머리뼈 갈비뼈 목뼈 팔뼈

다리뼈 등뼈 날개뼈

답 : 날개뼈

명화 안으로 15

사람이 동물이라고?

- 동물 -

루소, 〈꿈〉, 1910년, 유화

루소의 〈꿈〉과 동물

"으악!"

스팀은 자다가 비명을 지르며 깨어났어요.

"어머, 스팀 괜찮니? 무슨 나쁜 꿈이라도 꾼 거야?"

걱정이 되신 엄마가 달려오셨어요.

"헉, 꿈이었구나! 제가 나무와 풀이 잔뜩 우거진 정글에 누워 있는데 커다란 사자가 나타나서 얼마나 놀랐는지……."

엄마는 어떻게 그렇게 황당한 꿈을 꾸었냐고 웃으셨지만, 스팀은 왜 그런 꿈을 꾸게 되었는지 알 것 같았어요.

바로 자기 전에 본 그림 때문이었어요.

오늘 학교 숙제가 '동물이 나오는 그림 한 장 가져오기'였는데, 그 숙제를 하다가 본 그림이 아주 인상적이었거든요.

스팀은 다시 잠을 자려다 말고 부랴부랴 조금 전 챙겨 둔 그림을 다시 꺼냈어요.

"스팀, 갑자기 뭘 꺼내는 거니?"

스팀의 행동을 보고 엄마는 의아해했어요.

"이 그림이에요. 바로 이 그림!"

"뭐, 그림?"

스팀은 꿈에서 정글 속의 사자를 만났어요.(동물의 정의)

"제가 꿈을 꾼 게 바로 이 그림 때문이라고요."

스팀이 꺼낸 그림을 보던 엄마는 고개를 끄덕이셨어요.

"어머, 이 그림은 루소의 〈꿈〉이라는 그림이네."

"꿈이요?"

루소가 그린 그림은 무척 신비로웠어요.

독특한 동물과 식물로 가득 차 있고, 하얀 달빛이 고요히 비추고 있었어요.

그리고 그림 왼쪽에는 소파 위에 알몸으로 비스듬히 누운 여자가 있었어요.

"엄마, 말이 안 돼요. 맹수가 우글대는 밀림에 사람이 이렇게 태연히 누워 있는 게 전혀 어울리지 않잖아요."

스팀의 말에 엄마는 다른 사람들도 그걸 궁금해 루소에게 물었다고 말해 주었어요.

그러자 루소는 '이 여인은 긴 소파 위에서 잠을 자다가 밀림으로 옮겨진 꿈을 꾸고 있답니다.'라고 대답했대요.

"루소도 너와 같은 꿈을 꾸었나 보다. 호호."

그림을 자세히 보니 여러 종류의 동물이 있었어요. 새, 원숭이, 코끼리, 사자, 뱀 등이 그것이에요.

금빛과 은빛의 날개를 가진 새는 나뭇가지에 앉아 있고, 검은

루소의 그림에는 새, 원숭이, 코끼리, 사자,
뱀을 찾아볼 수 있어요.(동물의 종류)

원숭이들은 나뭇가지에 매달려 있었지요.

커다란 덩치의 코끼리는 나무 사이에 몸을 숨기고 있고, 눈을 번뜩이는 사자가 두 마리 있어요.

뿐만 아니라 피리의 선율에 따라 움직이는 뱀 한 마리도 그림 속에 있답니다.

"정말 많은 동물이 있구나. 그렇지?"

엄마의 말에 스팀은 미소를 띠었어요.

"엄마, 제가 만약 루소라면 물개도 그려 넣었을 것 같아요."

"왜?"

"그러면 땅에 사는 동물, 하늘을 나는 동물, 물속에 사는 동물을 다 그림에 담을 수 있잖아요."

"뭐? 호호, 우리 스팀이 욕심꾸러기로구나!"

루소(프랑스, 1812~1891년)

가난한 집안에서 태어난 앙리 루소는 군인으로 자원해 육군에 입대합니다. 그후 파리 세관에서 세관원으로 근무하면서 독학으로 그림을 그리기 시작했지요.

그의 작품은 사실과 환상을 교차시킨 독특한 것이어서 처음에는 사람들의 비웃음을 샀어요. 하지만 피카소 등에 의해 작품이 주목받으면서 재평가 받게 되었답니다. 〈뱀을 부리는 여인〉, 〈잠자는 집시 여인〉 등을 남겼어요.

과학 있다!
15

동물에 대하여

동물이란?

지구에 사는 생물은 크게 동물과 식물로 나뉘어요. 그중 동물은 식물과 달리 소화나 배설 및 호흡 기관을 가지고 있지요. 우리가 흔히 보는 개, 고양이는 물론 나비와 모기 같은 곤충, 금붕어, 상어와 같은 물고기도 동물이랍니다. 동물은 서로 다른 생김새나 특징을 가지고 있지요.

사는 곳에 따른 **동물**의 **종류**

동물마다 특징이 다른 것처럼 사는 곳도 다르답니다. 크게 물속에 사는 동물, 땅에 사는 동물, 하늘을 나는 동물로 나누어 볼 수 있지요.

물속에 사는 동물은 또 다시 상어, 물개, 오징어처럼 바다에 사는 동물과 메기, 붕어처럼 강과 호수에 사는 동물로 나눌 수 있어요. 그리고 숲이나 들과 같은 땅에 사는 동물로는 소, 너구리, 개미 등을 예로 들 수 있지요. 끝으로 하늘을 나는 동물은 독수리, 황새, 잠자리 등이 있답니다.

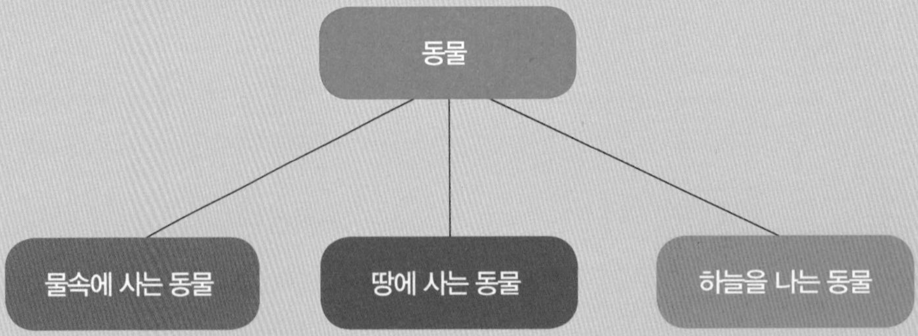

【 또 있다! 명화 속 과학 】

마케, 〈큰 동물원, 세폭화〉

마케, 〈큰 동물원, 세폭화〉, 1913년, 유화

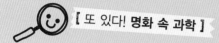

독일의 화가 아우구스트 마케가 그린 〈큰 동물원, 세폭화〉는 말 그대로 동물원을 담은 그림 3폭으로 이루어져 있습니다. 형태를 단순화하여 그린 작품으로 그림 속에는 동물원을 구경하는 사람들과 동물들이 그려져 있어요.

그중 왼쪽 화폭에는 새가, 가운데 화폭에는 횃대에 앉은 새와 우리 속의 사슴 등의 동물들이 보입니다. 그리고 오른쪽 화폭에는 타조가 멀리 보입니다.

【 찾아보자! 생활 속 과학 】

- 동물은 사는 곳이 어디인지, 먹이가 무엇인지, 생김새가 어떠한지 등에 따라 분류할 수 있어요. 다음 동물을 여러 기준 중 하나를 골라 분류해 보세요.

독수리 고래 도마뱀 낙타 거북 타조

(1) 기준 :

(2) 분류 :

답 : (1) 생김새 (2)포유류: 낙타, 고래 / 파충류: 도마뱀, 거북 / 조류: 독수리, 타조.

명화
안으로
16

그림 속에 사계절이 다 있다고?

- 식물 -

아르침볼도, 〈**봄**〉, 〈**여름**〉, 〈**가을**〉, 〈**겨울**〉, 16세기, 유화

아르침볼도의 〈봄〉, 〈여름〉, 〈가을〉, 〈겨울〉과 식물

"으, 덥다 더워!"

스팀은 찜통 더위에 숨이 턱턱 막혀 왔어요.

"스팀, 그렇게 덥니?"

"네, 더워요. 그래서 전 여름이 제일 싫어요. 아저씨는 안 더우세요?"

"응. 난 괜찮아, 덥긴 하지만 난 여름이 제일 좋아."

스팀은 잭슨 탐정의 말이 이해가 가지 않았어요.

더운 여름이 뭐가 좋다는 말인지…….

하지만 잭슨 탐정은 복숭아, 토마토가 나는 여름이 정말 좋다고 말했지요.

"어? 나도 복숭아랑 토마토 좋아하는데……. 역시 여름은 햇볕 좋은 계절이라 맛있는 과일이 나는구나. 으, 과일 얘기하니까 갑자기 너무 먹고 싶잖아요."

"그래? 그럼 꿩 대신 닭이라고 입으로 먹는 대신 눈으로 먹으면 어때?"

"에? 아저씨도 참! 눈으로 어떻게 먹어요?"

스팀의 투정에도 잭슨 탐정은 웃으며 그림을 꺼냈지요.

잭슨 탐정은 여름이 과일이 많아서 좋다고 말했어요.(식물의 생장)

그것도 네 장이나 말이에요.

잭슨 탐정은 그림 네 장을 나란히 배열했어요.

그림 속에는 맛있는 과일도 있고, 싱싱한 채소도 있고, 향기로운 꽃도 있고, 우거진 나무도 있었지요.

"자, 그림들 속에 과일과 채소가 있으니 마음껏 눈으로 먹으렴."

"하하, 잭슨 아저씨도 농담은……. 그런데 아저씨, 이 그림들은 초상화예요, 정물화예요?"

고개를 이리저리 갸웃거리는 스팀을 보며 잭슨 탐정은 빙그레 웃었어요.

사실 그림의 소재는 갖가지 물건인데 반해 전체적인 모습은 사람의 모습이기 때문이에요.

사계절을 상징하는 서로 다른 모양의 식물들이 어우러지면서 사람의 얼굴을 만들어 내고 있었지요.

"이 그림들은 아르침볼도라는 화가가 그린 독특한 초상화야. 봄, 여름, 가을, 겨울의 사계절을 나타내는데 그중 〈겨울〉은 황제의 얼굴이지."

잭슨 탐정은 그림 중 가장 마지막 그림을 가리켰어요.

그리고 〈봄〉은 꽃들로 장식된 싱그러운 소년의 모습이고, 〈여

사계절을 상징하는 서로 다른 모양의 식물들이 어우러지면서
사람의 얼굴을 만들어 내고 있었지요.(식물의 생김새)

름〉은 터질 것 같은 열정으로 가득 찬 청년의 얼굴, 〈가을〉은 술을 한 잔 걸친 듯 얼굴이 불그스름해진 아저씨의 얼굴이었지요.

각각의 그림이 나타내는 계절은 사람의 일생과 관련이 있는 것은 물론 재료도 그 계절에 나는 과일로 구성했어요.

예를 들어 〈여름〉은 여름에 나는 오이로 코를, 배로 턱을, 강낭콩으로 입을 표현했지요.

스팀은 과일을 직접 먹을 수는 없었지만, 식물로 초상화를 그린 기발한 이 그림이 정말 재미있고 좋았답니다.

아르침볼도(이탈리아, 1527~1593년)

주세페 아르침볼도는 이탈리아 밀라노 출신의 궁정 화가로 밀라노 대성당에서 스테인드 글라스에 그림을 그리는 일을 하기도 하였어요. 아르침볼도는 궁정 화가가 된 뒤로는 왕의 초상화를 많이 그렸는데, 〈겨울〉도 그중 하나입니다.

아르침볼도는 페르디난트 1세, 막시밀리안 2세, 루돌프 2세 등 3대 왕을 섬기면서 각각의 왕 특징을 살려서 독특한 초상화를 그린 것으로 잘 알려져 있지요.

과학 있다!
16

식물에 대하여

식물이란?

생물 중 대체로 이동을 하지 않고 광합성을 하여 살아가는 종류를 식물이라고 합니다. 식물과 동물의 가장 큰 차이는 식물은 스스로 양분을 만들어 살아갈 수 있는 생명체라는 것이지요. 식물은 뿌리로 땅의 물과 양분을 빨아들이고 잎에 있는 엽록소로 광합성을 하는 특징이 있습니다.

식물의 생김새

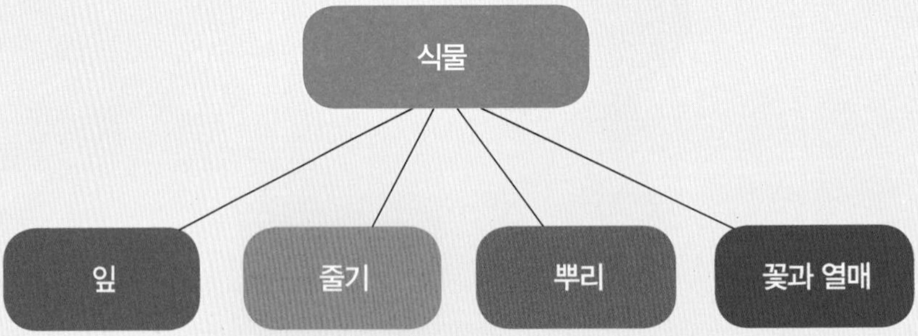

식물은 보통 잎, 줄기, 뿌리를 가지고 있고 꽃을 피우거나 열매를 맺기도 하지요. 그런데 이런 각 부분의 생김새는 식물마다 다릅니다. 잎은 모양이 둥근 것과 길쭉한 것, 둘레가 매끈한 것과 톱니 모양인 것, 홑잎인 것과 겹잎인 것 등으로 나눌 수 있어요. 그리고 줄기는 곧은줄기, 감는줄기, 기는줄기, 땅속줄기, 기어올라가는 줄기 등이 있지요. 또한 뿌리는 가운데 굵은 원뿌리가 있고 주변에 가느다란 곁뿌리들이 많이 있습니다. 반면 수염뿌리처럼 굵기가 비슷한 여러 개의 뿌리가 한군데서 나는 것도 있어요.

【 또 있다! 명화 속 과학 】

고흐, 〈해바라기〉

고흐, 〈해바라기〉, 1888년, 유화

식물은 많은 화가들에 의해 풍경화로, 정물화로 그려졌어요. 특히 화병에 담긴 식물은 정물화의 단골 모델이었지요. 우리에게 잘 알려진 고흐도 예외는 아니었어요. 평소 해바라기 꽃을 유달리 좋아했던 고흐는 화실을 노란색 해바라기로 가득 채우고 싶어 했지요.

이 작품도 이렇게 그려진 것이에요. 화병에 꽂혀 있는 열두 송이의 해바라기는 제각각 다른 모습입니다. 어떤 해바라기는 활짝 피어 있는가 하면 또 다른 해바라기는 시들어 가고 있어요.

【 찾아보자! 생활 속 과학 】

● 다음 다섯 고개 수수께끼를 보고 무엇에 대한 설명인지 말해 보세요.

첫 번째 고개	동물인가요? ➡ 아니요, 식물입니다.
두 번째 고개	어디에 사나요? ➡ 산에서 주로 볼 수 있습니다.
세 번째 고개	잎이 넓은가요? ➡ 아니요, 좁습니다.
네 번째 고개	열매가 열리나요? ➡ 예, 열립니다.
다섯 번째 고개	어떤 열매가 열리나요? ➡ 잣입니다.

답 : 잣나무

명화
안으로
17

그림 속에 날씨와 옷차림이 들어 있다고?

- 날씨 -

브뤼헐, 〈**월력도 연작; 사냥꾼의 귀가(1월)**〉, 1565년, 유화

브뤼헐의 〈월력도 연작; 사냥꾼의 귀가(1월)〉와 날씨

“으, 춥다 추워! 언제 이렇게 추워졌지? 얼마 전까지 엄청 더웠는데……. 에취.”

반팔을 입고 외출을 했던 스팀은 생각보다 추워진 날씨에 몸이 덜덜 떨렸어요.

“이그, 벌써 9월인데 그렇게 짧게 입고 나가니까 춥지! 날씨 좀 잘 보고 나가지 그랬어.”

누나가 핀잔을 하자 스팀은 할 말이 없었어요.

코를 훌쩍이며 앉아 있는 스팀이 불쌍했는지 누나는 한참을 말없이 지켜보았지요.

그리고 앞으로는 날씨에 맞게 옷을 입을 수 있게 해 주는 그림을 그려 주겠다고 했답니다.

“에이, 그런 그림이 어디 있어?”

“그렇게 못 믿니? 널 위해 월력도를 그려 주지!”

누나는 1년 12개월을 그 달의 고유한 행사, 풍속 등을 그린 그림이 바로 ‘월력도’라고 알려 주었어요.

따라서 월력도를 보면 그 달의 날씨와 자연을 알 수 있다고 말해 주었지요.

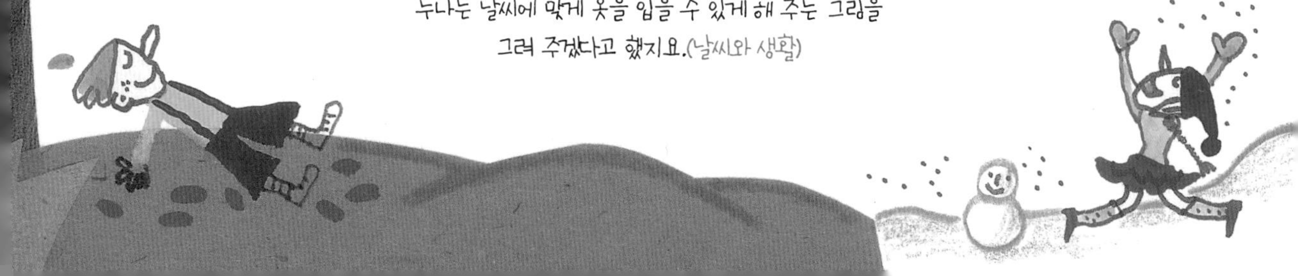

누나는 날씨에 맞게 옷을 입을 수 있게 해 주는 그림을 그려 주겠다고 했지요.(날씨와 생활)

누나는 월력도 중에 잘 알려진 브뤼헐의 그림을 보여 주겠다고 했지요.

누나가 보여 준 그림에는 새하얀 눈 위를 걸어오는 세 명의 사냥꾼과 한 무리의 사냥개들이 있었어요.

왼쪽 편의 여관 앞에는 짚을 쌓아 놓고 불을 피우는 모습이 있고, 언덕 너머의 꽁꽁 얼어붙은 연못 위에는 사람들이 스케이트를 타고 있었지요.

"누나, 엄청 추울 거 같아. 연못이 꽁꽁 얼었어."

"그래, 이 그림은 월력도 중 1월의 그림으로 '사냥꾼의 귀가'라는 제목을 갖고 있지."

"아, 1월이라서 춥구나."

"그래, 이 그림은 겨울을 보내는 사람들의 삶의 모습을 그렸어. 어때? 이 그림을 보니까 겨울에 어떤 옷차림을 해야 하는지 알겠지?"

누나의 말에 스팀은 크게 고개를 끄덕였어요.

"누나, 이 그림이 월력도라면 다른 그림들도 있겠네?"

스팀의 말에 누나는 '물론' 하며 평범한 인간들의 일상생활 모습과 계절의 변화에 많은 관심을 보였던 브뤼헐은 각 달의 모습을 담은 월력도 연작을 그렸다고 알려 주었어요.

누나는 요즈음은 '일기도'를 보며
날씨를 짐작할 수 있다고 말했어요.(날씨와 일기도)

그런데 〈사냥꾼의 귀가(1월)〉 이외에 〈건초 제작(6월 또는 7월)〉, 〈곡물 수확(8월)〉, 〈소떼의 귀가(10월 또는 11월)〉, 〈흐린 날(2월 또는 3월)〉만이 남아 있다고 덧붙였지요.

"아깝다! 월력도가 다 남아 있었으면 좋았을 텐데……. 그러면 날씨와 계절의 변화도 한눈에 알 수 있을 거 아냐."

"후후, 그렇지? 하지만 너무 걱정 안 해도 돼. 요즈음은 '일기도'를 보며 날씨를 짐작할 수 있으니까 말이야."

스팀은 앞으로 오늘처럼 날씨를 잘못 알아 고생하는 일이 없을 것이라고 굳게 마음먹었어요.

브뤼헐(네덜란드, 1525~1569년)

생애에 대해 잘 알려지지 않은 화가 피터르 브뤼헐은 어디에서 언제 태어났는지 불확실합니다. 1555년 출판업자에게 고용되어 동판화용 드로잉을 제작하고, 프랑스와 이탈리아 여러 곳을 여행하며 많은 것을 보고 배운 것으로 알려져 있지요.

브뤼헐은 그림 속에 재치 있는 말장난이 복잡하게 표현된 〈네덜란드 속담〉, 욕망에 패배하는 인간의 모습을 보여 주는 〈바벨탑〉과 같은 작품을 남겼답니다.

과학 있다! 17

날씨에 대하여

날씨와 생활

날씨라는 말은 그날그날의 비, 구름, 바람, 기온 따위가 나타나는 기상 상태를 가리키는 말이에요. '날씨가 좋다', '날씨가 흐리다'처럼 사용하며, 기후, 일기 등과도 바꾸어 쓸 수 있지요. 날씨에 따라 바깥 활동이 가능하기도 하고, 날씨에 따라 옷의 두께나 길이가 달라지는 등 날씨는 생활과 떼려야 뗄 수 없는 관계에 있답니다.

날씨와 일기도

날씨의 상태를 숫자와 기호로 나타낸 일기도를 보면 날씨를 짐작할 수 있어요. 공기의 무게에 의한 압력을 기압이라고 하는데, 일기도에서는 기압이 같은 지역을 선으로 연결하여 나타내지요. 기압이 주위보다 높은 곳을 고기압이라고 하고, 주위보다 낮은 곳을 저기압이라고 해요. 대체로 해당 지역에 고기압이 있으면 개이고 저기압이 있으면 흐리거나 비, 눈이 내리지요.

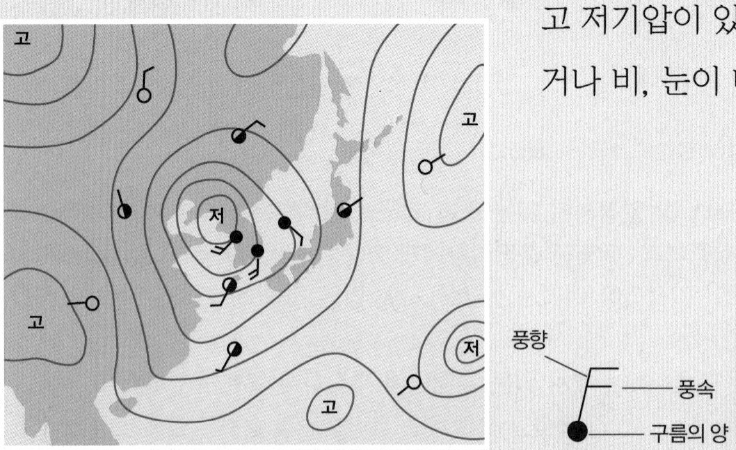

일기도

[또 있다! 명화 속 과학]

브뤼헐, 〈월력도 연작; 곡물 수확(8월)〉

이 작품은 겨울의 모습을 담은 〈사냥꾼의 귀가〉와 달리 여름의 모습을 담고 있는 브뤼헐의 그림입니다. 전체적으로 노란색이 흐리고 무더운 여름날의 공기를 보여 주고 있지요. 배경은 한창 추수가 진행되는 시기인 늦여름, 즉 8월경으로 보여요. 풍성하게 익은 밀밭의 일부는 이미 추수가 끝나고 나무 그늘 아래서 한 무리의 농부들이 쉬고 있는 모습이 보이지요.

브뤼헐, 〈월력도 연작; 곡물 수확(8월)〉, 1565년, 유화

[찾아보자! 생활 속 과학]

- 다음은 날씨에 관한 속담입니다. 이 중 내가 경험한 일이 있는지 생각해 보세요.

  + 거미가 줄을 치면 날씨가 좋다.
  + 서리가 많이 내린 날은 맑다.
  + 제비가 지면 가까이 날면 비가 내린다.
  + 소리가 잘 들리면 비가 내린다.
  + 물고기가 물 위에 입을 내놓고 호흡하면 비가 내린다.

답 : 각자 생각해 보세요.

명화 안으로 18

보이지 않지만 움직이는 것은?

- 기압과 바람 -

모네, **〈생 타드레스의 테라스〉**, 1867년, 유화

모네의 〈생 타드레스의 테라스〉와 기압과 바람

"이상하다! 왜 밥이 이렇게 맛이 없지?"

스팀은 숟가락으로 밥을 떠먹으며 곰곰이 생각했어요.

산으로 캠핑을 와서 각자 역할을 나누어 식사 준비를 하기로 한 것까지는 좋았어요.

아빠는 텐트를 치시고, 엄마는 고기를 구우시고, 누나는 채소를 씻고, 동생은 그릇을 식탁에 놓기로 했지요.

그리고 스팀이 밥을 하기로 했는데 이상하게 막상 뚜껑을 열어 보니 밥이 설익은 것이에요.

가끔 집에서 밥을 할 때는 괜찮았는데 왜 이렇게 밥이 잘 안 되었는지는 알다가도 모를 일이었지요.

스팀이 속상해하자 엄마가 말씀하셨어요.

"스팀, 다음에 산에 와서 밥을 지을 때는 냄비 뚜껑에 묵직한 돌을 올려놓고 밥을 지어 보렴. 그럼 쌀이 제대로 익어 밥이 잘 될 거야."

"그래, 산에서의 기압은 지표면에서의 기압보다 낮거든. 그러니까 뚜껑에 돌을 올려놓으면 압력이 높아져 밥이 잘 되지."

엄마와 누나의 말에 스팀은 머릿속이 더 복잡해졌어요.

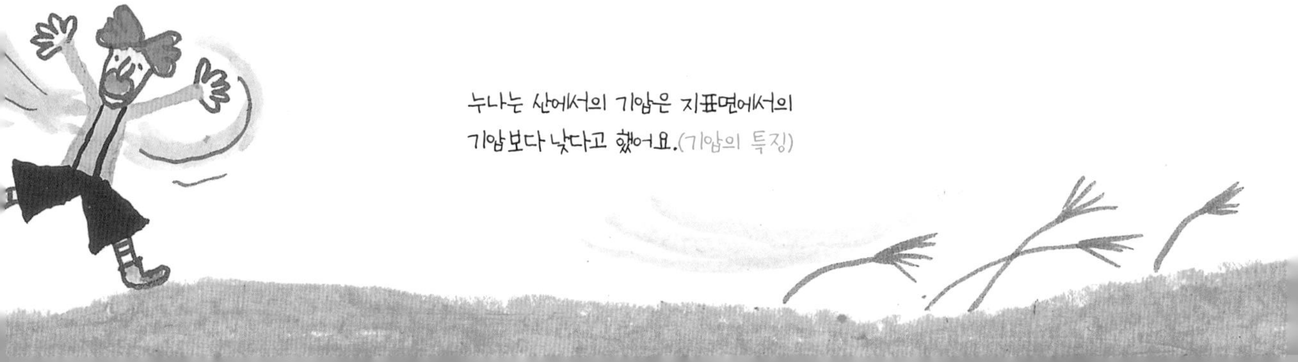

누나는 산에서의 기압은 지표면에서의
기압보다 낮다고 했어요.(기압의 특징)

압력은 뭐고 기압은 또 뭔지 알쏭달쏭했지요.

"누나, 압력은 뭐고 또 기압은 뭐야?"

"두 물체의 서로 맞닿은 곳에서 또는 물체 내에서 서로 미는 힘을 압력이라고 하고, 기압은 공기의 압력을 말해."

"아, 그럼 기압은 공기가 누르는 힘이네?"

스팀의 말에 누나는 고개를 끄덕였어요.

그리고 기압을 보여 주는 그림이 있다며 모네의 그림을 가져왔어요.

"어? 이 그림은 〈생 타드레스의 테라스〉잖아. 그림을 보면 시원하게 바람 부는 게 느껴지는 것 같아서 내가 좋아하는 그림 중 하나야."

"그래? 그럼 이 그림 속에서 깃발이 나부끼는 것도 바로 기압 때문인 건 알고 있니?"

누나의 말에 스팀은 고개를 가로저었어요.

주위보다 기압이 높으면 고기압, 낮으면 저기압이라고 하는데, 바람은 고기압에서 저기압으로 공기가 흐르는 것이라고 누나는 말해 주었지요.

"그럼 이 그림은 생 타드레스에 있는 테라스에 부는 바람을 그린 거네?"

누나는 바람은 고기압에서 저기압으로 공기가 흐르는 것이라고 말했어요.(바람의 방향)

"후후, 그렇다고도 할 수 있지."

누나는 모네에 대해 설명해 주었어요.

모네는 숙모를 만나러 생 타드레스에 자주 들렀대요.

이 그림은 난간 위쪽에 있는 햇빛과 바다, 아래쪽에 있는 꽃과 인물들로 나눌 수 있어요.

아래쪽에 느긋하게 경치를 감상하고 햇빛을 즐기는 사람들과 달리 위쪽에는 파도가 일렁이고, 증기선의 연기가 날아가고, 깃발이 펄럭이지요.

스팀은 이 그림이 살아 움직이는 듯한 움직임에서 바람의 방향을 짐작해 볼 수 있었답니다.

모네(프랑스, 1840~1926년)

클로드 모네는 프랑스에서 태어났습니다. 모네는 어린 시절을 프랑스 북부 해안의 르아브르라는 바닷가 마을에서 보내며 시시각각 달라지는 햇살과 바닷물의 조화를 보았지요.

이후 모네는 파리로 와서 그림을 그렸는데, 이후 〈인상-해돋이〉라는 작품을 그렸어요. 모네는 이 그림으로 '인상주의 화가'라는 평가를 받게 되었지요.

과학 있다!
18

기압과 바람에 대하여

기압이란?

17세기 이탈리아의 물리학자인 토리첼리는 기압의 크기를 측정했어요. 한쪽이 막힌 1m 유리관에 수은을 가득 채우고 공기가 들어가지 못하게 한 다음 수은이 든 그릇에 거꾸로 세웠지요. 그랬더니 76cm 높이의 수은 기둥이 만들어졌답니다. 이 실험을 통해 공기에도 누르는 힘이 있음이 증명되었어요.

바람의 방향

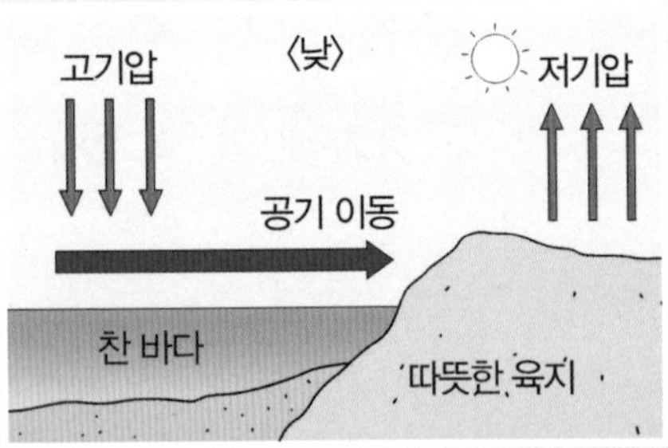

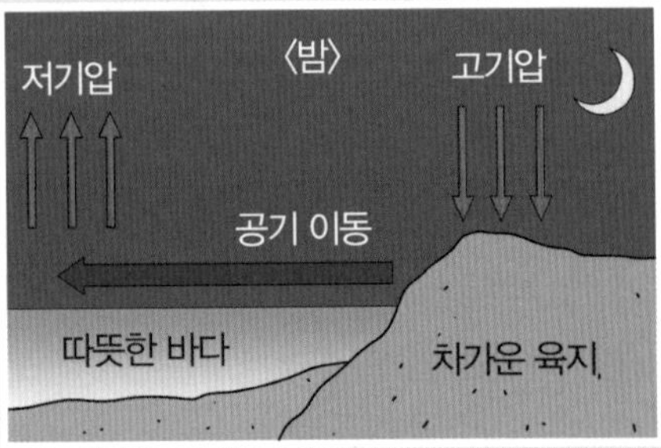

바람은 고기압에서 저기압으로 불어요. 그런데 바닷가에 서 있으면 낮에 부는 바람과 밤에 부는 바람의 방향이 다름을 알 수 있지요. 지표면이 햇빛에 의해 데워지면 그 위에 있는 공기도 따뜻해져서 기온이 올라가요. 수면보다는 지면의 온도가 더 많이 올라가기 때문에 지면의 공기가 올라가 저기압이 되고, 바다가 고기압이 됩니다. 그래서 바다에서 육지로 바람이 부는데, 이를 '해풍'이라고 해요. 반대로 밤에는 육지가 더 빨리 식기 때문에 바람이 육지에서 바다로 불게 된답니다. 이 바람을 '육풍'이라고 하지요.

【 또 있다! **명화 속 과학** 】

모네, 〈네덜란드의 튤립 꽃밭〉

모네, 〈네덜란드의 튤립 꽃밭〉, 1886년, 유화

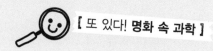

이 작품은 모네가 네덜란드 북부 지방의 튤립 밭에서 그린 것이에요. 흰 구름이 피어오르는 파란 하늘과 알록달록한 튤립 밭이 수평선으로 구분이 되지요. 가운데에는 네덜란드의 상징이자 바람의 힘을 이용해서 동력을 얻는 기계인 풍차가 배치되어 있어요. 풍차는 낮은 곳에 있는 물을 퍼 올릴 때 사용되기도 하는데, 네덜란드는 지면이 해수면보다 낮아 풍차를 많이 볼 수 있답니다.

【 찾아보자! **생활 속 과학** 】

● 다음에서 바람의 힘을 사용하는 놀이를 모두 골라 ○표 해 보세요.

연날리기

종이비행기 날리기

팽이치기

구슬치기

딱지치기

바람개비 돌리기

답 : 종이비행기 날리기, 연날리기, 바람개비 돌리기

명화 안으로 19

빛이 있어야 그림자도 있다고?

- 빛과 그림자 -

램브란트, 〈**화실에서**〉, 1629년경, 유화

램브란트의 〈화실에서〉와 빛과 그림자

‘살금살금’

스팀은 발뒤꿈치를 들고 조심조심 잭슨 탐정의 사무실로 들어갔어요.

책을 읽고 있는 잭슨 탐정을 놀라게 해 주려고 말이에요.

그런데 어떻게 알았는지 잭슨 탐정이 뒤로 ‘휙’ 돌아보았어요.

그 바람에 스팀이 더 놀라 엉덩방아까지 찧고 말았답니다.

“아으, 엉덩이야. 아저씨, 저 들어오는 거 어떻게 아셨어요?”

“허허, 그거야 네 그림자를 보고 알았지. 빛 때문에 생긴 그림자가 책상 위로 길게 생겼거든.”

“에이, 괜히 그림자가 있어 가지고…….”

“어허, 무슨 소리! 빛이 없어서도 안 되는 것처럼 그림자도 아주 중요한 존재라고.”

빛은 어두움을 밝혀 주기도 하고, 식물이 양분을 만들 때도 사용되고, 전기를 얻게도 하기 때문에 중요함을 잘 아는데 그림자까지 중요하다는 잭슨 탐정의 말을 스팀은 이해할 수 없었어요.

하지만 스팀 탐정은 해시계도 그림자 없이는 있을 수 없고, 멋진 그림도 그림자 없이는 있을 수 없다고 말했어요.

잭슨 탐정은 빛이 없어서도 안 되는 것처럼
그림자도 아주 중요한 존재라고 말했어요.(빛과 그림자)

"멋진 그림도 그림자 없이는 안 된다는 게 무슨 말이세요?"

스팀의 질문에 잭슨 탐정은 램브란트의 그림을 꺼내어 보여 주었어요.

"자, 이 그림을 그린 램브란트는 빛과 그림자를 아주 효과적으로 잘 사용한 화가야. 이 그림을 보며 그림에서 빛과 그림자가 얼마나 중요한지 한번 살펴보렴."

'화실의 젊은 화가'라는 제목으로도 알려져 있는 이 그림은 화가의 자화상이라고 잭슨 탐정은 말해 주었어요.

벽을 배경으로 서 있는 화가가 바로 램브란트 자신이라고 말이에요.

그림 앞쪽의 이젤 위에 놓여 있는 대형 화판 때문에 화가의 모습이 더 왜소해 보였지요.

그리고 이젤 뒤로는 길게 그림자가 드리워졌어요.

그래서 이젤이 상대적으로 더욱 더 강조되어 보였답니다.

"어때? 이 그림에 그림자가 없다면?"

스팀은 그제야 잭슨 탐정의 말을 이해할 수가 있었어요.

환하게 빛이 비치는 커다란 이젤과 상대적으로 흐린 그림자에 가려져 있는 화가의 모습이 대조되어 보였으니까요.

그래서 그림에 비해 사람이 더 작게 느껴졌지요.

물체를 실감 나게 그리려면 물체에 생기는 밝고 어두운 부분과
그림자를 잘 관찰해 나타내야 한다는 것을 알았지요.(그림자 관찰)

이렇게 물체를 실감 나게 그리려면 물체에 생기는 밝고 어두운 부분과 그림자를 잘 관찰해 나타내야 한다는 것을 알게 되었어요.

"빛이 있는 곳에는 그림자가 있고, 그림자가 있는 곳에는 빛이 있게 마련이야."

"그러니까 빛도, 그림자도 모두 소중하다는 말씀이신 거죠?"

"허허, 우리 스팀이 하나를 가르쳐 주면 열을 아는구나. 제법인걸?"

"헤헤헤!"

램브란트(네덜란드, 1606~1669년)

제분업자의 아들로 태어난 하르먼스 판 레인 램브란트는 어릴 때부터 미술에 소질을 보여 그림 공부를 시작하였습니다. 레오나르도 다 빈치와 함께 17세기 유럽 회화에서 가장 중요하게 논의되는 화가이기도 하지요.

〈툴프 박사의 해부학 강의〉, 〈바닝 코크 대장의 민병대(야간 순찰)〉, 〈엠마오의 그리스도〉와 같은 작품을 남겼으며 약 100점에 이르는 많은 자화상을 남긴 것으로도 유명합니다.

과학 있다! 19

빛과 그림자에 대하여

빛과 그림자

우리 눈을 자극하여 물체를 볼 수 있게 하는 것을 빛이라고 합니다. 스스로 빛을 내는 물체 중 가장 대표적인 것이 태양이지요. 그리고 화산이 분출할 때도 빛이 나오고, 반딧불이도 빛을 냅니다.

빛은 똑바로 나아가는 성질이 있는데, 이것을 '빛의 직진'이라고 하지요. 그런데 빛이 이렇게 직진을 하다가 물체를 만나면 막혀서 더 이상 나아가지 못하고 그림자를 만들게 된답니다.

그림자 관찰

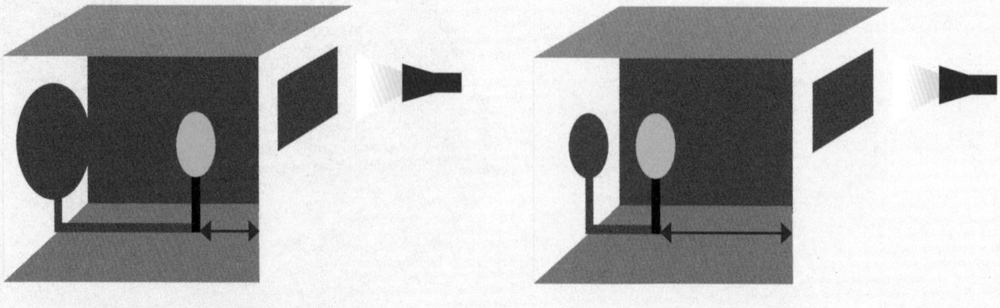

그림자를 만들려면 빛을 내는 광원과 물체가 있어야 하는데, 광원과 물체 사이의 거리를 조절하면 그림자의 크기를 늘였다 줄였다 할 수 있어요. 그림자의 크기를 크게 하려면 광원과 물체를 가까이하면 되고 작게 하려면 멀리하면 되지요.

그리고 그림자를 실제로 보면 어두운 정도가 조금씩 다른 것을 알 수 있어요. 그러므로 그림자의 어둡기를 여러 단계로 나타내어서 그려야 훨씬 실감 나게 그릴 수 있답니다.

[또 있다! 명화 속 과학]

모네, 〈루앙 대성당 연작〉

모네, 〈루앙 대성당 연작〉, 1892~1894년, 유화

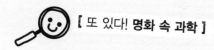

'모네는 눈만을 가진 사람이다. 그러나 얼마나 위대한 눈인가!'라고 프랑스의 화가 세잔은 평가하였어요. 그 정도로 모네는 자신이 직접 눈으로 본 순간의 인상, 순간의 색을 화폭에 담았지요. 특히 30여 점에 달하는 〈루앙 대성당 연작〉은 빛에 따라 달라지는 성당의 모습을 그린 것으로 잘 알려져 있습니다. 그래서 사람들은 모네를 '빛의 화가'로 평가하고 있지요.

[찾아보자! 생활 속 과학]

● 다음과 같이 벽 앞에 물체를 세워 놓고 전등을 켜 놓았습니다. (가)를 (나)와 같이 바꾸었을 때 그림자에 어떤 변화가 있을지 써 보세요.

(가)

(나)

답 : 예(가)보다 (나)의 그림자가 작지만 더 선명하다.

명화
안으로
20

거울에 숨겨진 이야기가 있다고?

- 거울 -

에이크, **〈아르놀피니의 결혼〉**, 1434년, 유화

에이크의 〈아르놀피니의 결혼〉과 거울

스팀은 책을 보는 재미에 푹 빠졌어요.

앨리스가 거울을 통해 다른 세계로 여행을 떠난다는 내용의 책인데 시간 가는 줄 모르고 읽고 있었답니다.

그 바람에 누나와 미술관에 가기로 한 약속도 깜박 잊고 말았지요.

"스팀! 너 왜 빨리 안 나와."

결국 기다리다 지친 누나가 방문을 열고 들어왔어요.

"헉! 누나, 미안해. 책을 보느라……."

"그 책이 그렇게 재미있어?"

"응, 거울 속의 나라로 모험을 떠나는 게 너무 흥미진진해서 말이야. 난 거울은 그냥 얼굴을 비추어 보는 유리라고만 생각했어. 그런데 작가는 어떻게 그 속에 다른 세계가 있다고 상상했을까?"

그러자 누나는 웃으며 오늘 미술관에서 보게 될 그림에도 거울이 아주 중요하게 등장한다고 말했어요.

화가가 그림 속에 거울을 그려 넣고 거울을 통해 무엇을 나타내고 있는지를 생각해 보면서 그림을 감상해 보라고 했어요.

스팀은 거울이 그냥 얼굴을 비춰서 보는
유리라고만 생각했어요.(거울의 정의)

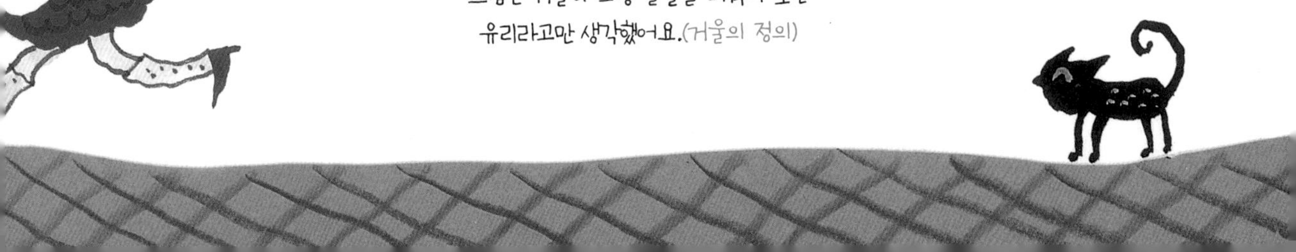

그리고 앨리스의 모험만큼이나 흥미진진할 것이라고 장담했답니다.

"자, 바로 이 그림이야."

미술관에 도착한 누나가 스팀에게 제일 먼저 보여 준 그림은 검은 옷을 입은 남자와 초록색 드레스를 입은 여자가 손을 잡고 서 있는 그림이었어요.

"이 그림은 얀 반 에이크의 작품인데 〈아르놀피니의 결혼〉이라는 제목이 붙어 있지. 이 그림에서 거울을 찾아봐."

누나의 말에 스팀은 그림을 꼼꼼히 살폈어요.

그리고 그림의 중앙에 위치한 작고 동그란 거울을 찾았지요.

"여기 거울이 있어. 그런데 별로 특별해 보이진 않는데?"

"무슨 그런 섭섭한 말씀! 이 거울은 볼록거울로 그림에 표현되지 않은 것도 들어 있다고. 그러니 자세히 봐."

스팀은 다시 그림 속 거울을 뚫어지게 쳐다보았어요.

그런데 정말 신기하게도 그 작은 거울 안에 결혼하는 사람들의 뒷모습과 창문은 물론 두 명의 남자가 보였지요.

누나는 파란색 옷을 입은 남자는 그림을 그린 에이크 자신이고, 붉은색 옷을 입은 남자는 결혼식의 증인이라고 설명해 주었어요.

옛날에는 가운데가 볼록 튀어나온
거울을 사용했대요.(거울의 종류)

"우아, 누나! 정말 신기하다. 어떻게 이렇게 작은 거울 안에 이런 그림을 다 그렸지?"

신기해 하는 스팀에게 누나는 화가가 그림을 그렸을 당시의 이야기를 해 주었어요.

당시는 거울을 만드는 기술이 초보적인 단계였기 때문에 가운데가 볼록 튀어나온 볼록거울밖에 만들 수 없었다고 말이에요.

"하지만 에이크는 이 볼록거울의 매력에 빠져 그림에 그린 거 아냐?"

"맞아, 볼록거울을 활용해 화폭에 미처 그리지 못한 인물이나 장면 등을 담았지."

"멋지다. 누나 말대로 그림 속에도 정말 거울 속의 세계가 있었어."

에이크(네덜란드, 1395~1441년)

얀 반 에이크는 색채 가루를 최초로 기름에 섞어서 사용했기 때문에 유화를 발명한 사람으로 알려져 있어요. 또한 그의 그림 〈아르놀피니의 결혼〉은 회화 역사상 인물의 전신을 그린 최초의 초상화로 손꼽히고 있지요.

이렇게 미술사에 중요한 획을 그은 에이크는 북부 유럽 르네상스 미술의 선구자로 평가 받고 있습니다. 대표작으로 〈무덤가의 세 마리아〉 등이 있지요.

과학 있다! 20

거울에 대하여

거울의 원리

빛의 반사를 이용하여 물체를 비춰 보여 주는 기구를 거울이라고 합니다. 거울의 표면이 매끄러운 경우 반사된 빛이 일정한 방향으로 나아가게 되어 다른 물체를 잘 비추지요. 거울에 물체가 비칠 때 거울에 들어온 빛과 거울 표면에 수직을 이루는 선 사이의 각을 '입사각'이라고 하고, 거울에서 반사된 빛과 거울 표면과 이루는 각을 '반사각'이라고 한답니다.

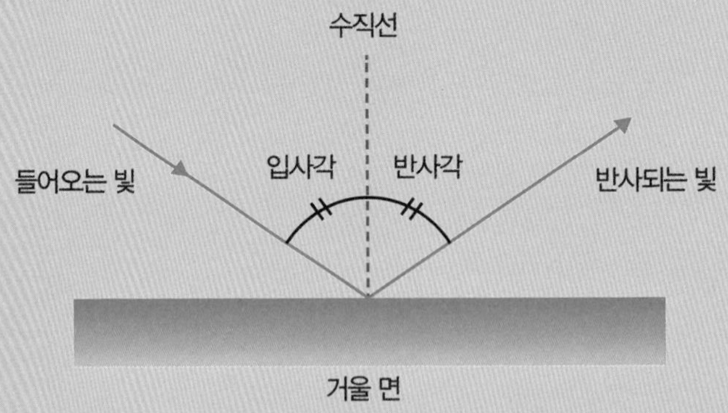

거울의 종류

거울은 크게 평면거울, 오목거울, 볼록거울이 있어요. 평면거울은 가정에서 흔히 볼 수 있는 거울로 상이 비치는 거울의 면이 평평한 거울이고, 오목거울은 거울의 면이 오목한 거울, 볼록거울은 거울의 면이 볼록한 거울을 가리킨답니다. 오목거울에 비치는 모습은 거리에 따라 모양과 크기가 다양하고 주로 뒤집혀 보이는 반면, 볼록거울은 작게 보이지만 더 넓은 범위를 볼 수 있어 길모퉁이에 주로 설치한답니다. 자동차의 사이드미러가 볼록거울이랍니다.

[또 있다! 명화 속 과학]

마네, 〈폴리 베르제르 바〉

마네, 〈폴리 베르제르 바〉, 1881~1882년, 유화

이 그림은 에두아르 마네가 남긴 마지막 작품으로 파리의 대표적인 유흥장인 폴리 베르제르의 술집을 그린 것입니다. 그림의 가운데 있는 여자 뒤편으로는 커다란 거울이 걸려 있어요. 거울 속에는 수백 명의 사람들이 왁자지껄 떠들고 있지요. 그런데 오른쪽에 보이는 두 남녀의 모습은 원근법적으로 맞지 않은 것을 알 수 있어요. 마네는 거울을 이용해서 의도적으로 실제 모습을 비틀어 보인 것이랍니다.

[찾아보자! 생활 속 과학]

● 다음과 같은 글자를 평면거울에 비추어 보았을 때 어떻게 보이는지 빈칸에 써 보세요.

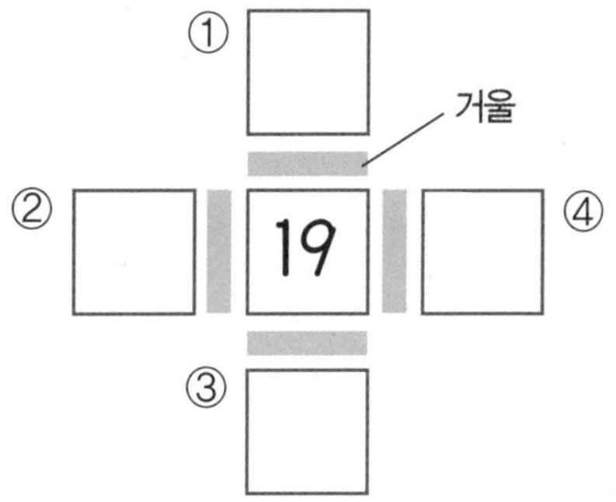

답 : ① ɿ6 ② ɘɿ ③ ɿ6 ④ ɘɿ

명화 안으로 21

화산도 그림 속에선 아름답다고?

- 화산 -

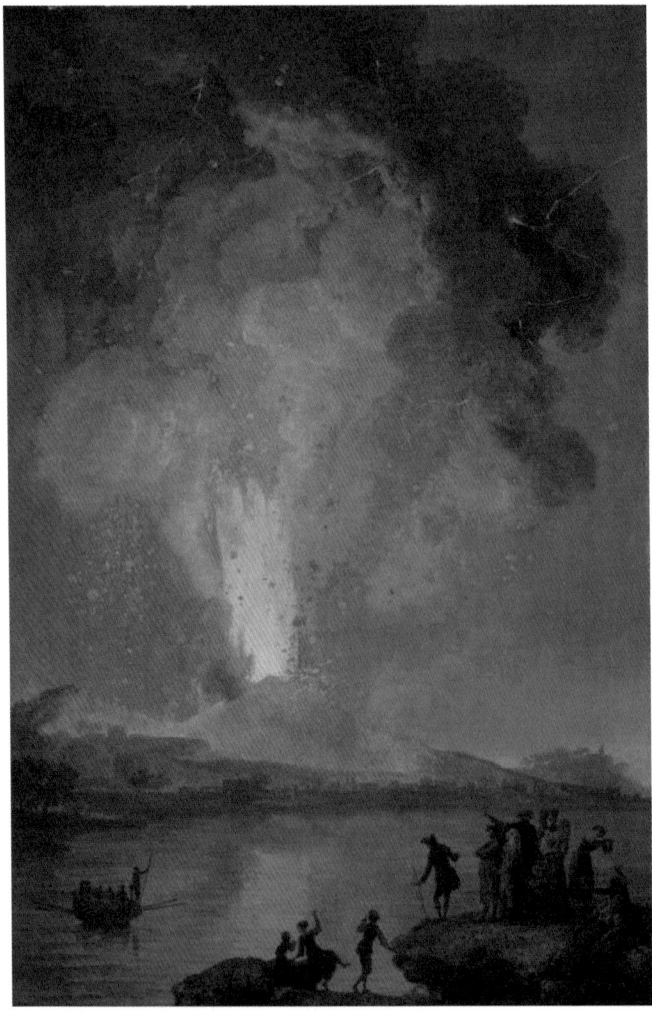

볼레르, 〈**베수비오의 분화**〉, 18세기, 유화

볼레르의 〈베수비오의 분화〉와 화산

'콰가강!'

요란한 소리와 함께 화산의 분화구에서 붉은 불기둥이 하늘 높이 솟구쳤어요.

비록 텔레비전 화면으로 보고 있지만 스팀은 오들오들 긴장되고 무서웠지요.

그런 스팀의 마음을 눈치 챈 누나가 스팀의 어깨를 '툭툭' 쳤어요.

"뭘 그렇게 긴장해서 봐!"

"누나, 화산이 폭발하는 것 좀 봐. 무섭지 않아?"

"무섭긴 하지."

"난 화산은 절대 좋아할 수 없을 거 같아. 정말 무섭고 끔찍하다고."

"그래? 나도 화산이 무섭긴 한데 때로는 아름답다고 느껴지기도 하던데?"

"뭐라고?"

누나의 말에 스팀의 눈이 동그랗게 커졌어요.

저렇게 위협적인 화산이 아름답다니 누나가 제정신인가 싶었

텔레비전에서 요란한 소리와 함께 화산의 분화구에서
붉은 불기둥이 하늘 높이 솟구쳤어요.(화산의 정의)

기 때문이에요.

하지만 스팀은 누나가 보여 준 그림을 보고는 생각이 조금 달라졌어요.

그림 속에 당당히 자리 잡은 화산은 마치 살아 움직이듯 붉은 입김을 뿜어내고 있었어요.

그 모습이 무섭긴 했지만 곧 자연의 위대함과 경이로움에 감탄하게 되었지요.

"어때? 이 그림은 볼레르라는 화가가 베수비오 화산을 그린 거야. 이 화산은 이탈리아 폼페이를 하루아침에 폐허로 만들었어. 베수비오 화산의 분출 장면을 마치 눈앞에서 보는 것 같지?"

누나의 말처럼 화산이 눈앞에 우르릉 쾅 터지는 것처럼 생동감이 느껴졌지요.

또한 전체적으로 어둠에 뒤덮인 상태에서 화산이 내뿜는 불빛으로 인해 사람들의 윤곽이 보여져서 어둠 속의 빛을 잘 느끼게 해 주었어요.

하늘을 뒤덮고 있는 시커먼 화산재와 벌건 분출물을 실제로 보고 있는 것처럼 뜨겁게 느껴졌답니다.

"이 그림을 그린 볼레르는 이 작품 외에도 화산을 주제로 5점의 그림을 그렸지. 베수비오 화산을 그리면서 높은 명성을 얻게

하늘을 뒤덮고 있는 시커먼 화산재와 벌건 분출물이
생생하게 느껴졌어요.(화산 분출물)

된 화가답게 화산의 모습을 잘 표현하고 있어."

"응, 정말 그런 것 같아. 그런데 아직도 화산 활동을 하고 있어?"

걱정스러운 스팀의 질문에 누나는 고개를 저었어요.

"아니, 베수비오 화산은 활동하고 있는 활화산이긴 하지만 현재는 분출을 멈춘 상태야."

"휴, 그렇구나. 그럼 다행이다."

그림 속의 화산이 신비롭기는 했지만 스팀은 여전히 화산이 좋지만은 않았어요.

갑작스레 터져서 폼페이, 헤르쿨라네움과 같은 고대 도시를 집어삼키고 많은 사람들을 화산재와 용암 속에 묻어 버렸기 때문이지요.

볼레르(프랑스, 1729~1802년)

피에르 자크 볼레르에 대한 기록은 많이 남아 있지 않지만 그의 작품은 루브르 박물관과 툴롱 미술관 등에 남아 있어요. 볼레르는 베수비오 화산에 반해서 위에서 본 화산의 모습, 옆에서 본 화산의 모습은 물론 멀리서 본 화산의 모습 등을 다양하게 화폭에 담았지요. 이외에도 〈바닷가〉, 〈달빛 아래 나폴리 만의 전경〉, 〈이탈리아의 풍경〉 등을 남겼답니다.

과학 있다!
21

화산에 대하여

화산이란?

지구 내부에는 암석이 녹아 생긴 마그마가 있는데, 이러한 마그마가 지각의 약한 틈을 뚫고 짧은 시간 동안 뿜어져 나오는 현상을 화산이라고 해요. 우리나라의 제주도에 있는 한라산도 화산인데 경사가 완만한 '순상 화산'이에요. 반면 제주도의 삼방산은 '종상 화산'으로 경사가 급하지요. 그리고 일본의 후지산은 아래쪽은 경사가 완만하고 산의 꼭대기는 경사가 가파른 '성층 화산'이랍니다.

화산 분출물

화산이 폭발할 때 나오는 여러 가지 물질을 화산 분출물이라고 해요. 이 중 화산 가스는 기체로 수증기가 대부분이고, 용암은 액체로 마그마가 지표에 분출한 것이지요. 그리고 고체로는 화산재와 화산탄, 부석이 있는데, 화산재는 회색으로 재와 비슷하게 생겼어요. 반면 화산탄은 진한 회색으로 둥글게 생겼고, 부석은 연한 회색으로 표면에 구멍이 뚫려 있답니다.

【 또 있다! **명화 속 과학** 】

호쿠사이, 〈불타는 후지산〉

호쿠사이, 〈불타는 후지산〉, 1825년경, 다색 목판화

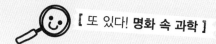

19세기 중엽 서구에 이름을 떨친 목판화 작가인 호쿠사이는 변화무쌍한 자연을 잘 표현했어요. 호쿠사이는 일본을 대표하는 목판 화가로 일본에서 가장 높은 산이자 일본을 대표하는 산인 후지산의 다양한 모습을 담았지요. 이 중 〈불타는 후지산〉은 파란 하늘과 초록빛 땅과 대조적으로 산을 붉게 표현하여 마치 용암이 흘러내리는 것처럼 표현했답니다.

【 찾아보자! **생활 속 과학** 】

- 다음은 제주도의 용두암과 돌하르방에 대한 내용입니다. 이를 토대로 화산이 우리 생활에 미치는 좋은 영향은 무엇인지 생각해 보세요.

> 용두암은 용암이 분출하다가 굳어진 바위로 현무암으로 이루어져 있습니다. 모양이 용머리와 같은 형상을 하고 있다고 하여 많은 사람들이 보러 옵니다.

> 돌하르방은 제주도 특유의 석상으로 현무암으로 만들어 다양한 상품으로도 판매하고 있습니다.

답 : 화산은 독특한 환경을 만들어 많은 볼거리를 제공하고 경제적 효과를 가져옵니다.

명화 안으로 22

달아, 달아, 밝은 달아

- 달의 운동 -

미켈란젤로, 〈**천지창조(태양과 달의 창조)**〉, 1508~1512년, 프레스코화

미켈란젤로의 〈천지창조〉와 달의 운동

즐거운 일요일, 스팀의 가족이 모두 차를 타고 있었어요.

주말에 할아버지 댁에 갔다가 올라오는 길이었지요.

저녁까지 먹고 출발했더니 어느새 밖이 어둑어둑해졌어요.

그런데 스팀의 동생이 창밖을 보며 소리를 질렀어요.

"제시, 왜 그래? 밖을 보고 왜 신경질이야?"

"오빠! 따라오지 말라고 하는데 자꾸 저 달이 따라오잖아."

동생이 가리킨 곳을 보니 동그랗고 하얀 보름달이 떠 있었어요.

"하하, 뭐? 달이 따라 와?"

"응, 아마 저 달이 나를 좋아하나 봐."

동생에 말에 온 가족은 웃음을 터뜨렸지만 동생은 가족들이 웃는 이유를 잘 모르는 것 같았어요.

스팀은 동생에게 달은 굉장히 멀리 있기 때문에 보이는 각도의 변화가 별로 없어서 아무리 멀리 가도 항상 제자리에 있는 것처럼 보인다고 말해 주었어요.

하지만 동생은 고개만 갸웃거렸지요.

아무래도 아직 어린 동생에게는 달에 대한 설명이 좀 어려운 얘기였나 봐요.

집으로 돌아온 스팀은 동생에게 달과 관련된 얘기를 더 해 주

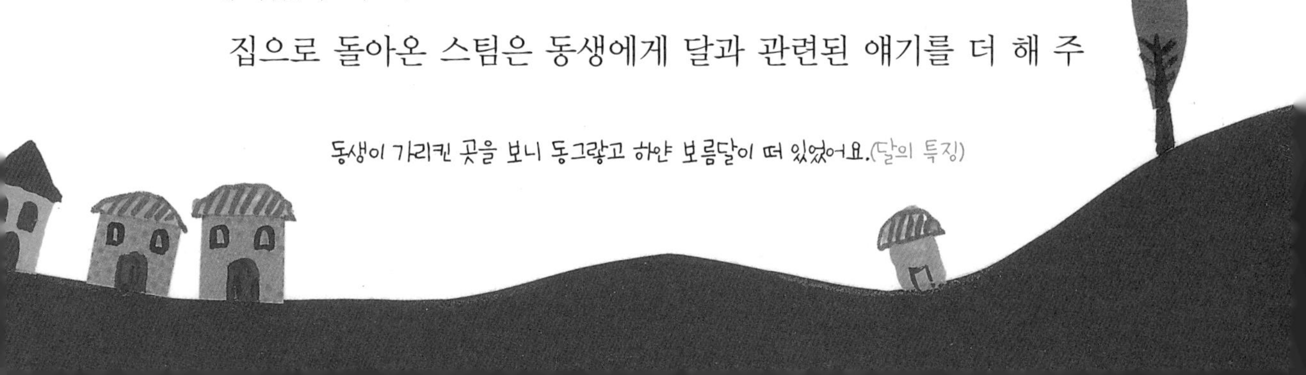
동생이 가리킨 곳을 보니 동그랗고 하얀 보름달이 떠 있었어요.(달의 특징)

기로 마음먹었지요.

그리고 미켈란젤로의 대작인 〈천지창조〉를 보여 주었어요.

"우아, 오빠! 이 그림 멋지다! 하나, 둘, 셋……. 아주 많다!"

"맞아, 여러 그림이 모여 있는 거야. 우리 제시 똑똑한걸?"

"헤헤, 뭘!"

이때 누나가 거들면서 말했어요.

"이 그림은 미켈란젤로가 교황 율리우스 2세의 주문으로 제작한 천장화로 〈천지창조〉라는 이름이 붙은 그림이야."

누나는 성서 속의 여러 장면을 그림으로 볼 수 있는 이 그림 중 '태양과 달의 창조'를 가리켰어요.

"이 그림을 봐. 하느님이 태양과 달을 만드는 모습을 그린 거야."

"아, 그래서 낮에는 태양이 지구를 비추고 밤에는 달이 비추는구나! 역시 미켈란젤로라는 화가는 대단하네. 그런 걸 그림으로 다 그리고 말이야."

"하하, 또 이야기가 그렇게 되는 건가?"

누나는 스팀의 말에 미소를 건넸어요.

사실 스팀이 보기에도 〈천지창조〉는 대단한 그림이에요.

그림은 거대한 아치형을 이루는 직사각형 모양의 성당 천장에

〈태양과 달의 창조〉에는 낮에는 태양이 지구를 비추고
밤에는 달이 비추어요.(달의 운동)

있는데, 그 길이가 무려 40.93m, 폭이 13.41m, 그리고 높이가 20.7m라고 해요.

워낙 대작이기도 했지만, 높은 천장에 그려야 하는 천장화라 그리기도 힘들었을 거예요.

그래서 미켈란젤로는 이 그림을 완성하는 몇 년 동안 몹시 고생을 해서 시각 장애와 온몸에 두드러기가 생기는 병까지 앓게 되었다고 해요.

하지만 미켈란젤로는 종교적인 엄숙함이 담긴 그림을 그리면서도, 고되고 어려운 작업을 하면서도 유머는 잃지 않았어요.

그래서 〈태양과 달의 창조〉라는 그림을 보면 태양과 달을 창조하느라 바쁘게 움직이는 하느님의 엉덩이가 살짝 보인답니다.

미켈란젤로(이탈리아, 1475~1564년)

미켈란젤로는 이탈리아 피렌체 근처에서 태어났어요. 조각 학교에 들어가 조각을 배운 미켈란젤로는 대리석 군상인 〈피에타〉를 완성해 명성을 얻고 〈다비드〉 조각을 제작했지요.

그리고 시스티나 예배당의 천장화인 〈천지창조〉를 완성하고 〈최후의 심판〉을 그렸습니다. 미켈란젤로는 레오나르도 다 빈치, 라파엘로와 함께 이탈리아 르네상스 최대의 예술가로 불리지요.

과학 있다! 22

달의 운동에 대하여

달의 특징

달은 지구의 둘레를 도는 천체로 햇빛을 반사하여 밤에 밝은 빛을 냅니다. 표면에 많은 분화구가 있고 대기는 아주 희박하지요. 크기는 지구의 $\frac{1}{4}$이며, 중력은 지구의 $\frac{1}{6}$밖에 되지 않습니다.

달은 예로부터 우리의 삶에 많은 영향을 주었어요. 그래서 선조들은 달의 움직임을 관찰하여 '음력'을 만들었고, 달에는 옥토끼가 방아를 찧고 있다고 생각하기도 했답니다.

달의 운동

달은 지구의 자전으로 인해 해처럼 동쪽에서 떠서 서쪽으로 지는 것처럼 보이지요. 또한 달은 지구 주변을 공전하므로 '초승달→상현달→보름달→하현달→그믐달'로 그 모양이 변합니다. 달이 태양의 반대쪽에 있으면 보름달이 되고, 태양 쪽에 있을 때는 모양이 보이지 않는 삭이 되지요. 달의 공전 주기는 한 달(29.5일) 정도가 됩니다.

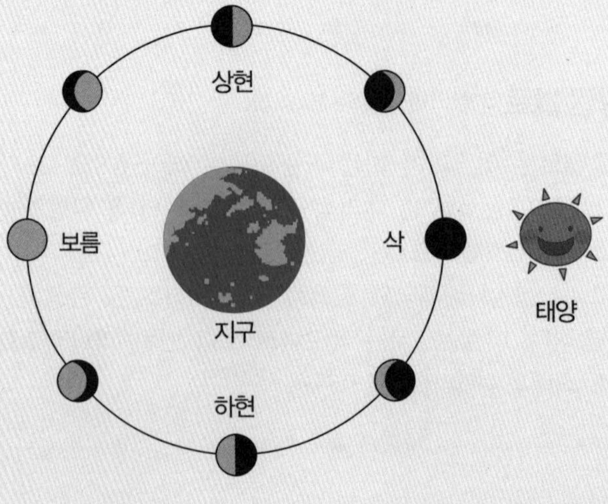

【 또 있다! 명화 속 과학 】

조르조네, 〈지구, 달, 태양〉

이 그림은 1500~1510년경에 그려진 프레스코화로, 이탈리아의 화가인 조르조네가 그린 것입니다. 학예와 기예를 주제로 한 그림으로 알려져 있어요.

이 그림은 지구와 달 그리고 태양의 모습은 물론, 그 관계가 나타나 있지요. 이 그림을 보면 당시의 사람들도 달과 태양의 움직임에 관심이 많았다는 것을 알 수 있어요.

조르조네, 〈지구, 달, 태양〉, 1500~1510년경, 프레스코화

【 찾아보자! 생활 속 과학 】

- 다음은 달의 공전으로 생기는 모양 변화를 나타내는 그림입니다. 달이 지구를 한 바퀴 도는 시간을 기준으로 만든 시간 계산법을 무엇이라고 하는지 써 보세요.

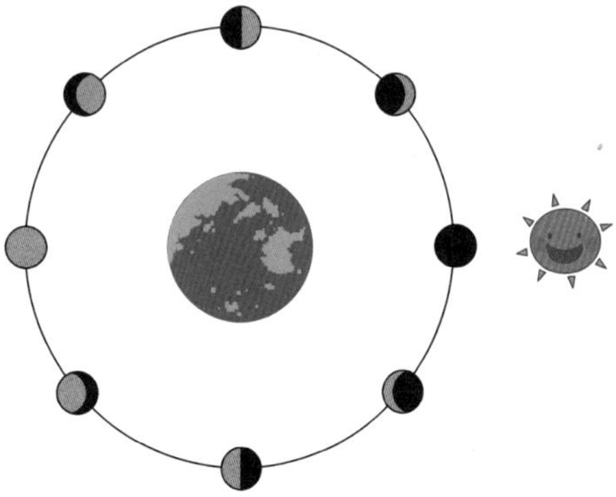

답 : 태음력

명화 안으로 23

위험한 불도 그림에선 괜찮아!

- 연소와 소화 -

피사로, 〈**서리 내린 밭에 불을 지피는 젊은 농부**〉, 19세기경, 유화

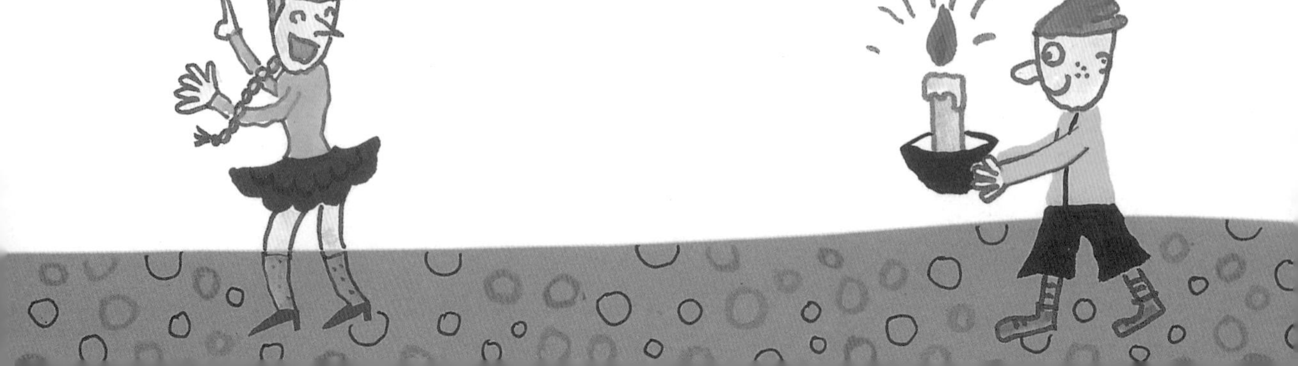

피사로의 〈서리 내린 밭에 불을 지피는 젊은 농부〉와 연소와 소화

"큰일 날 뻔 했잖니! 그러다가 사고라도 나면 어쩔 뻔했어?"

스팀은 지금 잭슨 탐정에게 눈물이 쏙 빠지게 혼이 나고 있는 중이에요.

잭슨 탐정이 책을 읽고 있는 사이 스팀이 사무실에 있는 양초에 불을 붙이다 넘어져 큰일이 날 뻔했거든요.

사실 스팀도 사고를 칠 생각은 아니었어요.

양초에 불을 한 번 붙여 보고 바로 끄려고 했는데, 양초의 심지가 타들어가며 생기는 노랗고 빨간 불빛이 너무 예뻐서 계속 보다가 그만…….

어쨌든 스팀은 입이 열 개라도 할 말이 없었어요.

그래서 잔뜩 풀이 죽어 있었지요.

한참을 야단치던 잭슨 탐정도 그런 스팀이 안되어 보였는지 현실에서는 안 되지만 그림에서는 마음껏 불구경을 하라며 그림을 보여 주겠다고 했어요.

"불구경이요? 불이 잔뜩 그려진 그림이라도 보여 주시려고요?"

"그래, 밭에 불을 피운 그림이야."

스팀은 양초에 불을 붙였어요.(연소의 조건)

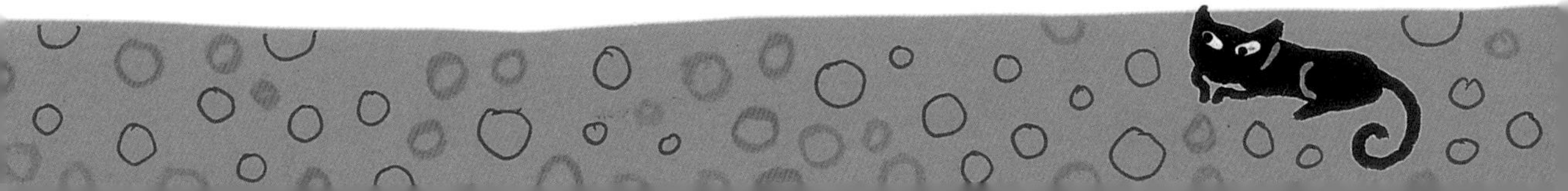

"밭에 왜요? 그거 나쁜 짓 아니에요?"

걱정스러운 듯 묻는 스팀에게 잭슨 탐정은 미소를 지었어요.

그러고는 옛날부터 농부들은 해충과 잡초를 없애기 위해 논이나 밭을 태우기도 했다고 알려 주었지요.

물론 지금은 이렇게 불을 지피는 것이 해충을 없애는 데 크게 효과가 없다는 연구가 있어 불을 피우지 않는다고도 알려 주었답니다.

그리고 이렇게 논이나 밭을 태우다가 실수로 화재를 낼 수 있어서 위험하다고도 말했어요.

"하지만 이 그림은 이런 연구가 있기 전에 그려진 거니까 마음 놓고 한번 보렴."

이렇게 말하며 꺼내 놓은 그림에서는 정말 불이 모락모락 피어오르고 있었어요.

햇볕이 내리쬐는 추운 겨울날, 시골 소녀가 연기가 피어오르는 모닥불 앞에서 긴 나뭇가지를 힘주어 부러뜨리고 있었어요.

아마 땔감으로 쓰려는 것인가 봐요.

그리고 모닥불 뒤쪽으로는 한 소년이 손을 내밀어 불을 쬐며 몸을 녹이고 있었지요.

"이 그림 속에는 창백한 초원과 헐벗은 나무, 타오르는 모닥

스팀은 아이들이 불은 잘 껐을지 걱정이 되었어요.(소화의 조건)

불, 치마 위로 부는 바람 등이 자세하게 잘 묘사되어 있어."

잭슨 탐정의 설명에 스팀은 그림을 더욱 유심히 들여다보았어요.

정말 작품 속 장작 하나 불꽃 하나까지 세심하게 묘사되어 있었지요.

"잭슨 아저씨, 밭을 다 태우고 탈 게 없으니 불 걱정 안 해도 되겠죠?"

"왜? 그림을 보니 그게 걱정되니?"

"네, 이 아이들도 저처럼 혼이 나는 건 아닌가 하고요. 헤헤."

스팀은 머리를 긁적였답니다.

피사로(프랑스, 1830~1903년)

서인도 제도의 생토마스 섬에서 태어난 카미유 피사로는 파리로 와서 그림을 그렸어요.

모네와 함께 풍경화를 연구하였고, 인상파 특유의 기법으로 그림을 그렸지요. 피사로는 〈붉은 지붕〉, 〈사과를 줍는 여인들〉, 〈몽마르트의 거리〉, 〈테아트르 프랑세즈 광장〉, 〈막대기를 들고 있는 소녀〉 등의 작품을 남겼답니다.

과학 있다! 23

연소와 소화에 대하여

연소의 조건

연소는 불이 붙어 타는 것을 말해요. 그런데 연소가 일어나려면 세 가지 요소가 필요하답니다. 바로 불이 붙을 수 있는 발화점 이상의 온도, 공기 중의 산소, 탈 물질 말이에요.

그래서 원시인들은 나무 조각을 비벼서 마찰열을 일으켜 불을 만들었다고 하지요.

소화의 조건

소화는 연소와 반대되는 말로 불을 끄는 것을 말해요.

연소에는 세 가지 요소가 필요하지만 소화는 이 세 가지 요소 중 하나만 없애도 가능하답니다.

다시 말해 탈 물질을 없애거나 산소를 차단하거나 온도를 발화점 밑으로 낮추면 되지요.

예를 들어 산이나 건물에 불이 났을 때 물을 뿌리는 것을 본 적이 있을 거예요. 찬물을 부어 발화점 이하로 온도를 낮추기 위한 것이지요.

그리고 가스레인지에 불을 켰다가 끌 때 가스 밸브를 잠가 가스를 차단하면 불이 꺼져요. 이것은 탈 물질인 가스를 제거하여 불을 끄는 거예요.

끝으로 불이 붙었을 때 두꺼운 담요를 덮어서 끄는 것은 산소를 차단하여 불을 끄는 것이랍니다.

【 또 있다! **명화 속 과학** 】

신윤복, 〈야행〉

신윤복, 〈야행〉, 조선 후기, 수묵채색화

도화서 화원의 아들로 태어난 신윤복은 천재적인 그림 솜씨로 널리 알려졌지요. 그의 작품인 〈야행〉은 깊은 밤 두 젊은 남녀가 사랑을 나누는 장면입니다.

옛날에는 전기가 없었기 때문에 등잔에 불을 붙여서 사용했어요. 이 그림에 두 남녀는 밤에 사랑을 나누고 있어요. 이 때 초승달이 살짝 비추었으므로 매우 어두웠을 거예요. 그 어둠을 밝히기 위해 남자는 손에 등불을 들고 있답니다.

【 찾아보자! **생활 속 과학** 】

- 다음은 불이 났을 때 대처하는 방법입니다. 이 외에도 어떤 방법이 더 있을지 생각해 보세요.

119에 신고한다.

"불이야!" 하고 소리를 지른다.

가스 중간 밸브를 잠근다.

전기 스위치를 차단한다.

답 : 예 계단으로 대피한다.

명화 안으로 24

가벼운 기체의 힘으로 기구가 난다고?

- 기체 -

샤반, 〈기구〉, 1870년, 유화

샤반의 〈기구〉와 기체

스팀과 누나 사이에 말싸움이 시작되었어요.

시작은 스팀이 따뜻한 차를 마시기 위해 물을 끓인 것에서 출발해요.

물을 끓인 것까지는 좋았지요.

그런데 스팀이 주전자에서 수증기가 모락모락 피어오르자 한마디 한 것이 화근이었어요.

"아, 기체는 참 안되었다. 저렇게 힘없이 사라지니……."

그러자 누나가 쏘아보듯 말했어요.

"뭐? 기체가 힘이 없다고? 누가 그래?"

"그, 그거야 당연한 거 아니야? 액체나 고체처럼 모양이 있는 것도 아니고, 뭐 크게 하는 일도 없잖아."

스팀의 말에 누나는 기체의 매운 맛을 보여 준다며 신문지를 펴서 가운데에 테이프로 실을 붙였어요.

그러고는 위로 확 잡아당겼어요.

그러자 실이 툭 끊어지고 말았지요.

"어때? 봤지? 이게 바로 기체의 힘이야. 알지도 못하면서……."

누나는 신문지를 누르고 있던 공기 즉 기체의 무게 때문에 실이 끊어졌다고 말했지요.

누나는 기체가 모양은 없지만 무게는 있다고 했어요.(기체의 정의)

스팀은 어안이 벙벙해졌어요.

의기양양해진 누나는 재빨리 그림 하나를 펼쳐 놓았지요.

그림 속에는 어두운 옷을 입은 한 여자가 오른손에 긴 무기를 들고, 왼손으로 뭔가를 가리키고 있었어요.

"누나, 왼쪽 위에 날아가고 있는 이게 뭐야?"

"그건 '기구'라고 하는 거야. 샤반이 그린 이 그림의 제목이기도 하지."

누나는 프로이센과 프랑스 사이에서 벌어진 보불 전쟁으로 배고픔과 죽음을 체험했던 화가들이 전쟁의 슬픔과 평화의 희망을 그림 속에 담았다고 얘기해 주었어요.

샤반도 예외는 아니어서 전쟁으로부터 자신이 살고 있는 파리가 안전하길 바라며 둥둥 떠서 날아가는 기구를 그림을 그렸다고 했어요.

정말 그림 속의 여자는 기구에 자신의 희망을 실어 보내고 있는 것 같았지요.

마치 전쟁이 한창인 땅 위의 세상과 구름만 잔잔히 떠 있는 하늘 위의 세상은 다른 것처럼 느껴질 거예요.

"그런데 스팀! 기구가 어떻게 뜨는 건지는 알고 있니?"

"그, 그거야……."

기체 중에는 공기보다 가벼운 수소 가스나
헬륨 가스가 있다고 했어요.(여러 가지 기체)

스팀은 쉽게 대답할 수가 없었어요.

"으이그, 기구는 크게 두 종류로 나눌 수 있어."

"두 종류?"

"그래, 뜨거운 공기를 주머니에 채운 '열 기구'와 공기보다 가벼운 수소 가스나 헬륨 가스를 채운 '가스 기구'로 말이야."

"그럼 기구는 기체의 힘으로 뜨는 거네?"

"그렇지. 기체가 대단하지? 이래도 기체가 힘이 없다고 우습게 볼 거야?"

"아, 아니!"

스팀은 양손까지 절레절레 저었어요.

그러고는 앞으로는 기체를 절대 우습게 보지 말아야겠다고 생각했답니다.

샤반(프랑스, 1824~1898년)

프랑스의 리옹에서 태어난 피에르 퓌비 드 샤반은 23세 무렵 이탈리아를 여행한 뒤 화가가 될 것을 결심하게 되지요. 그리고 본격적으로 그림을 그리게 되고, 벽화가로 인정을 받게 됩니다. 1870년에서 1871년까지 있었던 보불 전쟁에서 성벽 보초병으로 참전하게 되고, 이때의 경험은 뒤에 여러 작품에서 드러나게 됩니다. 그리고 〈전쟁〉, 〈가난한 어부〉, 〈하얀 바위〉 등의 작품을 남겼지요.

과학 있다!
24

기체에 대하여

기체란?

기체란 모양과 부피가 일정하지 않으며 힘을 가하면 부피가 줄어드는 물질의 상태를 말해요. 다른 물질처럼 일정한 공간을 차지하는 특징이 있고, 무게도 있답니다. 또한 기체는 액체처럼 담는 그릇에 따라 모양이 변해요. 예를 들어 풍선 안에 있는 기체는 동그란 모양이지만, 상자 속에 있는 기체는 네모난 모양이지요.

여러 가지 **기체**

지구를 둘러싸고 있는 대기권 중 아랫부분에 있는 공기는 색이 없고 투명한 기체에요. 이 속에는 질소, 산소, 이산화탄소 등이 들어 있지요. 이 중 산소는 우리가 살아가는 데 꼭 필요한 기체예요. 호흡을 통해 몸안으로 들어온 산소는 영양분을 태워 에너지를 얻을 수 있게 하지요. 그리고 질소는 지구 대기의 약 78%를 차지하고 있는 기체예요. 다이너마이트를 비롯한 각종 폭약을 만드는 데 기본 원료로 사용되지요. 이산화탄소는 압력을 가하면 쉽게 액체로 만들 수 있고, 여기서 더 압축하면 고체 상태인 드라이아이스를 만들 수 있는 기체예요. 연소를 방해하는 물질로 소화기를 만드는 재료로 사용된답니다.

【 또 있다! **명화 속 과학** 】

구아르디, 〈떠오르는 기구〉

구아르디, 〈떠오르는 기구〉, 1784년, 유화

이탈리아 베네치아에서 태어난 구아르디는 베네치아의 풍경을 많이 그렸어요. 그곳의 운하와 건물의 풍경에 번쩍이는 대기의 미묘한 움직임을 인상적으로 포착하였지요.

이 그림을 살펴보면 웅장한 석조 건물 안에 많은 사람들이 모여 있어요. 배경으로는 햇살이 가득한 하늘과 잔잔한 물, 그리고 그 위를 날고 있는 기구가 그림의 중심을 잡아 주고 있어요.

【 찾아보자! **생활 속 과학** 】

● 다음과 같은 특징이 있는 기체가 무엇인지 알맞게 선으로 연결하세요.

(1) 탄산음료나 액체 소화제에 들어갑니다. •　　　　• ① 산소

(2) 전투 조종사가 숨을 쉬기 위한 마스크 안에 들어갑니다. •　　　　• ② 이산화탄소

(3) 기구를 뜨게 합니다. •　　　　• ③ 헬륨

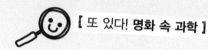

답 : (1)② (2)① (3)③

명화 안에 수학 과학 있다!

2014년 9월 20일 초판 중쇄 발행

기획_ 지에밥 창작연구소
글_ 이현정
그림_ 홍성지
디자인_ 장현순
펴낸이_ 강영주
펴낸곳_ 지에밥
주소_ 경기도 성남시 분당구 분당로 263번길 68 104-205
전화_ (031)602-0190
팩스_ (031)602-0190
등록_ 제2012-000051호(2011. 10. 20.)
E-mail_ slchan01@naver.com

ISBN_ 978-89-968365-0-6 64710
ISBN_ 978-89-968365-7-5 64710(세트)
※잘못된 책은 바꾸어 드립니다.

쇠라, 〈그랑드 자트 섬의 일요일 오후〉
시냐크, 〈초록색 돛, 베니스〉
정선, 〈금강전도〉
김명국, 〈달마도〉
몬드리안, 〈빨강, 파랑, 노랑의 구성〉
클레, 〈세네치오〉
칸딘스키, 〈구성 8〉
칸딘스키, 〈여러 개의 원〉
레제, 〈파이프를 들고 있는 남자〉
레제, 〈점심 식사〉
작가 미상, 〈숫자 맞추기 놀이 카드〉
채용신, 〈십장생도〉
뒤러, 〈멜랑콜리아1〉
김홍도, 〈씨름〉
달리, 〈기억의 지속〉
세잔, 〈검은 대리석 시계〉
라파엘로, 〈아테네 학당
프리다, 〈두 명의 프리다〉
김홍도, 〈고누놀이〉
김득신, 〈소나무 아래서 장기 두는 스님들〉
고흐, 〈노란 집〉
다 빈치, 〈최후의 만찬〉
다 빈치, 〈비트루비안 맨〉
보티첼리, 〈비너스의 탄생〉
라 투르, 〈클로버 에이스를 지닌 사기꾼〉
세잔, 〈카드놀이 하는 사람들〉
드가, 〈무대 위의 발레리나들〉
로댕, 〈청동 시대〉
루소, 〈꿈〉
마케, 〈큰 동물원, 세폭화〉
아르침볼도, 〈봄〉,〈여름〉,〈가을〉,〈겨울〉
고흐, 〈해바라기〉
브뤼헐, 〈월력도 연작;사냥꾼의 귀가(1월)〉
브뤼헐, 〈월력도 연작;곡물 수확(8월)〉
모네, 〈생 타드레스의 테라스〉
모네, 〈네덜란드의 튤립 꽃밭〉
램브란트, 〈화실에서〉
모네, 〈루앙 대성당 연작〉
에이크, 〈아르놀피니의 결혼〉
마네, 〈폴리 베르제르 바〉
볼레르, 〈베수비오의 분화〉
호쿠사이, 〈불타는 후지산〉
미켈란젤로, 〈천지창조(태양과 달의 창조)〉
조르조네, 〈지구, 달, 태양〉
피사로, 〈서리 내린 밭에 불을 지피는 젊은 농부〉
신윤복, 〈야행〉
샤반, 〈기구〉
구아르디, 〈떠오르는 기구〉